TOKYO SPECIALTY COFFEE TRIP

일러두기

- 본 출간물의 표기는 표준국어대사전과 외래어 표기법을 따르되, 일부 용어는 업계에서 통용되는 방식을 따랐습니다.
- 깃사텐, 카페, 커피숍 등 커피 매장은 〈〈상호명〉〉으로 표기하였습니다.
- 도서는 『(도서명)』으로 표기하였습니다.
- 음악, 미술 등 예술 작품은 「(작품명)」으로 표기하였습니다.
- 그 외의 상호 및 브랜드는 '(이름)'으로 표기하였습니다.

TOKYO SPECIALTY COFFEE TRIP
도쿄 스페셜티 커피 트립

글/사진 이한오

아이비라인
Publishing Co.

Contents

PROLOGUE — 8
도쿄 커피 여행 팁 — 12

PART 1 Central Tokyo 도쿄 도심부

① **SWAMP** 스왐프 — 34

② **Brewman Tokyo** 브루만 도쿄 — 40

③ **FUGLEN Sangubashi** 푸글렌 산구바시점 — 46

④ **ACID COFFEE** 애시드 커피 — 52

⑤ **æ - ash** 애쉬 — 56

⑥ **Cokuun** 코쿤 — 62

⑦ **VERVE COFFEE ROASTERS Roppongi** 버브 커피 로스터스 롯폰기점 — 70

⑧ **Azabudai Hills** 아자부다이 힐스 — 76
- %ARABICA Tokyo %아라비카 도쿄점 — 80
- OGAWA COFFEE LABORATORY Azabudai 오가와 커피 래버러토리 아자부다이점 — 86

⑨ **GLITCH Ginza** 글리치 긴자점 — 90

⑩ **PASSAGE COFFEE Nihombashi** 패시지 커피 니혼바시점 — 96

⑪ **Single O Hamacho** 싱글 오 하마초점 — 100

PART 2   Eastern Tokyo   도쿄 동부

① **KOFFEE MAMEYA Kakeru** 커피 마메야 가케루   120

② **COFFEE ELEMENTARY SCHOOL** 사립커피소학교   126

③ **LEAVES COFFEE ROASTERS** 리브스 커피 로스터스   132

④ **Lonich** 로닉   138

⑤ **ignis** 이그니스   144

PART 3 　　　　　Western Tokyo　　　　　도쿄 서부

① **LIGHT UP COFFEE Mitaka** 라이트업 커피 미타카점　　　164

② **Raw Sugar Roast** 로우 슈가 로스트　　　170

③ **FUGLEN Hanegi Koen** 푸글렌 하네기코엔점　　　176

④ **OGAWA COFFEE LABORATORY Shimokitazawa**　　　182
　 오가와 커피 래버러토리 시모키타자와점

⑤ **COFFEE COUNTY Tokyo** 커피 카운티 도쿄점　　　188

⑥ **Sniite** 스니트　　　194

⑦ **ONIBUS COFFEE Jiyugaoka** 오니버스 커피 지유가오카점　　　200

PART 4 Tokyo Vicinity 도쿄 근교

① **VERVE COFFEE ROASTERS Kitakamakura** 220
버브 커피 로스터스 기타카마쿠라점 / 가마쿠라시

② **SOMETHING'S COFFEE HOUSE** 226
썸싱즈 커피 하우스 / 가마쿠라시

③ **ignis Kamakura** 이그니스 가마쿠라점 / 가마쿠라시 232

④ **RED POISON COFFEE ROASTERS** 236
레드 포이즌 커피 로스터스 / 자마시

⑤ **ETHICUS** 에토스 / 시즈오카시 242

⑥ **AKITO COFFEE** 아키토 커피 / 고후시 248

⑦ **TERASAKI COFFEE** 데라사키 커피 / 고후시 254

EPILOGUE 260

Prologue

처음 스페셜티 커피를 접했던 것은 2010년, 강릉의 〈테라로사〉에서였다. '드립 커피'라고 하면 나라 이름과 등급 정도가 기재된 다크 로스팅 커피가 주를 이루던 시절이었다. 이 시기에 '커피 투어'라는 이름으로 접한 테라로사의 커피 코스는 신선한 충격이었다. 에티오피아 시다모 지역의 원두라고 표기된 싱글 오리진 커피에서는 레몬즙을 한 움큼 짜 넣은 듯한 과일의 상큼함과 그동안 다른 커피에서는 느껴 보지 못한 다양한 향미를 발견할 수 있었다.

그 이후로 스페셜티 커피를 하는 곳이라면 어디든 찾아가기 시작했다. 때마침 시작한 SNS를 통해 마음에 들었던 커피숍을 소개하며, 내가 맛본 커피의 새로운 세계를 다른 이들도 공감할 수 있기를 바랐다. 스페셜티 커피를 제공하는 커피숍의 바리스타들도 똑같은 마음이었기에, 눈을 반짝이며 가게를 들어서면 모두가 환대하며 커피에 관한 많은 이야기를 공유해 주었다.

스페셜티 커피를 즐기기에 도쿄는 정말 매력적인 도시였다. 해외에서 다양한 경험을 쌓은 바리스타들에 의해 일찌감치 스페셜티 커피 문화가 뿌리내려 있었고, 그들은 커피를 찾아 멀리 바다를 건너온 이방인에게도 기꺼이 자신의 경험을 공유해 주었다. 매번 도쿄에 갈 때마다 새로운 카페를 찾아가고, 그곳에서 새로운 카페를 소개받아 찾아가면서 이들이 만들어 나가는 커피 문화를 경험할 수 있었다.

도쿄에서 스페셜티 커피가 뿌리내리기까지 폴 바셋*Paul Bassett*이 많은 기여를 했음을 부정할 수 없다. 호주 출신의 폴 바셋은 2003년 월드바리스타챔피언십 우승 이후 2006년 도쿄에 자신의 첫 매장을 열었고, 이 매장을 거쳐간 많은 바리스타가 현재 도쿄의 스페셜티 커피 씬을 형성하고 있다. 〈글리치*GLITCH*〉, 〈오니버스 커피*ONIBUS COFFEE*〉, 〈푸글렌*FUGLEN*〉 등 도쿄를 대표하는 스페셜티 커피숍들의 오너는 모두 〈폴 바셋*Paul Bassett*〉에서 엄격한 훈련을 거치며 성장해 왔다. 도쿄 곳곳에 퍼져 있는 〈폴 바셋〉 출신의 바리스타들, 그리고 호주나 북유럽 등지에서 오랜 기간 스페셜티 커피를 경험하고 돌아온 바리스타들이 형성한 문화를 중심으로 도쿄의 커피숍을 찾아다니기 시작했다. 그렇게 초창기 도쿄 스페셜티 커피 씬을 형성한 커피숍들의 이야기를 담아 첫 번째 책 『도쿄 스페셜티 커피 라이프』를 펴냈다.

시간이 흐르면서 도쿄의 스페셜티 커피 시장은 많은 변화를 겪었다. 이미 도쿄에 자리 잡은 대표적인 스페셜티 커피숍들은 새로운 지역으로 매장을 확장했고, 유명 스페셜티 커피숍에서 실력을 키워 독립한 바리스타들은 더 새롭고 이색적인 매장을 열었다. 단순히 스페셜티 커피를 소개하고 공유하는 것을 넘어서, 일본의 다양한 전통과 문화를 입혀 새로운 스타일의 커피 문화를 만들어 냈다.

이번 책에서는 이러한 새로운 흐름을 담은 커피숍을 지역별로 구분하여 소개한다. 도쿄 여행 시 동선에 따라 방문할 수 있는 커피숍을 쉽게 찾을 수 있도록 하기 위함이다. 도쿄는 크게 세 지역으로 구분했다. 가장 대표적인 도쿄의 관광 중심지인 시부야, 신주쿠, 롯폰기 등 도심 지역을 시작으로, 오랜 전통이 남아있는 도쿄의 동북부 지역과 에도 시대부터 물류의 거점으로 기능하던 스미다강 건너편의 지역을 묶어 동부 지역으로, 그리고 데일리 커피를 즐기는 현지인을 위한 로컬 커피숍이 주를 이루는 세타가야구, 메구로구 등을 묶어 서부 지역으로 구분했다. 마지막으로 도쿄에 속하지는 않지만 마음만 먹으면 언제든 다녀올 수 있는 도쿄 근교의 커피숍들도 별도의 지역으로 묶었다. 최근 직항편이 생겨 많은 사람이 방문하고 있는 시즈오카, 후지산을 품고 있는 야마나시, 그리고 오랜 역사와 전통을 가진, 도쿄에서 비교적 쉽게 접근할 수 있는 가마쿠라까지 포함하여 그곳에서 꼭 방문해야 하는 스페셜티 커피숍을 함께 담았다.

이 책은 도쿄의 스페셜티 커피숍을 소개하는 안내서인 동시에, 그들의 이야기를 나의 개인적인 경험과 엮은 에세이이기도 하고, 도쿄의 거리 풍경과 바리스타들의 모습을 담은 사진집이기도 하다. 목차를 보고 관심이 있는 커피숍을 찾아 읽어도 좋고, 처음부터 정독하며 여행기를 듣는 듯한 기분을 즐겨도 좋다. 물론 커피숍의 분위기와 거리 풍경이 담긴 사진을 훑어보며 사진 하나하나에 담긴 숨은 노력을 알아봐 주는 것도 매우 감사할 것이다. 부디 책을 펼치는 순간, 잠시나마 현재의 일상에서 벗어나 여행을 떠난 기분을 느낄 수 있기를 바란다. 이 책을 통해 도쿄의 스페셜티 커피 문화를 더욱 깊이 있게 즐기고 그 속에 숨은 매력과 이야기를 발견하며 새로운 영감을 얻기를 바란다.

도쿄 커피 여행 팁

팬데믹이 엔데믹으로 전환되면서 일본을 찾는 해외 여행객은 다시 코로나 이전 수치를 회복했다. 그중 한국 여행객이 가장 높은 비중을 차지할 정도로 일본을 오가는 우리나라 사람은 그 어느 때보다도 많은 상황이다. 거리가 가깝고 문화가 비슷한 만큼, 가벼운 마음으로 맛집이나 커피숍을 찾아 여행을 떠나는 사람도 늘고 있다.

커피를 사랑하고 여행지에서도 맛있는 커피 한 잔을 찾아 기꺼이 발품을 팔 의지가 있는 사람이라면, 도쿄는 반드시 방문해야 할 지역이다. 오랜만에 도쿄를 찾느라 변화한 모습이 낯선 자, 도쿄 여행이 처음인 자에게 꼭 필요한 여행 팁 몇 가지를 공유한다.

항공편 / 숙소

서울을 출발지로 하여 도쿄로 진입할 수 있는 공항은 나리타 공항과 하네다 공항 두 군데다. 일반적으로 나리타 공항 항공권이 더 저렴하지만, 나리타 공항에서 도심까지 이동하는 데는 1시간 30분 이상이 소요되고 추가 비용이 발생하는 반면, 하네다 공항에서는 도심까지 30분이면 진입할 수 있으므로 비용과 편의성을 고려하여 공항을 선택하는 것이 좋다.

도쿄는 세계적인 관광지인 만큼 숙소 옵션이 다양하다. 비즈니스호텔, 캡슐호텔, 에어비앤비 등 편의에 맞춰 선택할 수 있다. 도쿄 내 이동은 전철을 이용하는 경우가 많으므로, 가고자 하는 장소의 접근성이 좋은 전철역 근처 숙소를 추천한다. 또한 체크인 전에도 숙소에 짐을 맡길 수 있기 때문에 목적지에 도착하면 먼저 숙소에 들러 짐을 맡기고 편하게 관광하는 것도 좋은 방법이다.

교통수단

도쿄 내 이동은 주로 전철을 이용한다. JR, 도에이 지하철, 도쿄 메트로 외에도 여러 회사에서 운영하는 사철 노선이 촘촘히 엮여 있어 도쿄 대부분의 장소는 전철만으로 접근이 가능하다. 24시간에서 72시간까지 24시간 단위로 판매하는 도쿄 서브웨이 티켓도 공항에서 구입할 수 있는데, 이 티켓으로는 도에이 지하철과 도쿄 메트로만 이용할 수 있으므로 환승 계획을 잘 세워야 한다. 일일패스를 사용하지 않고 조금 더 편하게 이동하려면 수이카*SUICA*, 파스모*PASSMO*와 같은 교통카드를 구입해 사용하는 것이 좋다. 전철역 간 거리와 환승 거리를 고려하면 생각보다 걷는 양이 상당하므로 체력 관리에 유의해야 한다.

결제수단

예전에는 현금만 취급하는 가게가 대부분이라 현금을 많이 환전해 가야 한다는 조언이 많았다. 하지만 팬데믹의 영향으로 인해 비접촉 결제 수요가 늘면서 이제는 대부분의 매장이 카드 또는 비접촉식 결제 수단을 취급하게 되었다. 현금을 전혀 받지 않는 캐시리스*Cashless* 매장도 늘고 있다. 따라서 어느 정도의 현금과 함께 신용카드 등 비접촉식 결제 수단도 함께 준비하는 것이 좋다. 특히 QR코드 결제는 네이버페이, 카카오페이를 통해서도 가능하고 교통카드로도 편의점을 비롯한 많은 커피숍에서 결제가 가능하므로 주 결제수단의 사용법을 숙지해 두길 바란다.

깃사텐 / 카페 / 커피숍

오랜 역사를 가진 일본의 커피 문화는 '깃사텐(喫茶店)'에서 그 흔적을 찾을 수 있다. 다소 옛스러운, 다방과 비슷한 느낌의 깃사텐은 흡연이 가능한 곳이 많고 토스트나 간단한 식사류도 판매한다. 깃사텐과는 다르게 조금 더 캐주얼한 공간에서 커피 외 음료나 각종 디저트, 간단한 식사류를 함께 제공하는 매장을 일본에서는 '카페'로 칭한다. 스페셜티 커피숍 등 커피에만 집중하는 곳은 보통 '커피숍', '커피 바', 또는 '커피 스탠드' 등의 이름이 붙는다.

주문하기 / 메뉴

매장에 들어서면 자리를 잡고 주문을 해야 할지, 주문 후 자리에 앉아야 할지 혼란스러운 경우가 많다. 하지만 일본의 매장에서는 대부분 점원이 입구에서부터 공간 이용 절차를 안내해 준다. 점원과 눈이 마주치기를 기다린 후, 점원에게 인원수를 말하고 테이크아웃 또는 매장 이용 여부를 전달하면 된다. 매장에서 커피를 마시거나 음식을 먹는 경우에는 점원의 안내에 따라 자리를 정한다.

메뉴 면에서 한국과 조금 다른 점은, 아메리카노를 판매하지 않는 커피숍이 많다는 것이다. 일본은 예전부터 드립으로 커피를 내려 마시는 문화가 발달해 왔기 때문에 에스프레소 머신이 아예 구비되어 있지 않은 커피숍이 많다. 따라서 무조건 아메리카노를 찾기보다는 드립 또는 브루잉 메뉴를 제공하는지 살펴보고, 느긋하게 손으로 내려준 커피를 즐겨 보는 것도 좋을 것이다.

기본 매너

일본의 식당이나 커피숍은 기본적으로 사진 촬영을 허가하지 않는 곳이 많기 때문에, 사진을 찍기 전에 문의하는 것이 좋다. 다만, 최근 생긴 가게나 스페셜티 커피숍은 대부분 SNS로 소통하는 것을 즐기며 사진 촬영에 거부감이 없으므로 가볍게 촬영 가능 여부를 물어본 뒤 다른 손님에게 피해가 가지 않도록 주의하며 촬영하면 된다.

또한, 매장 내 전화 통화나 다른 손님이 커피를 즐기는 데 방해가 되는 행동들을 일본에선 훨씬 민감하게 받아들이고 조심하는 분위기다. 다른 손님들을 살피며 기본적인 매너를 지킬 것을 권장한다.

한국에서 스페셜티 카페 투어를 다닌 경험이 있거나 커피에 관심이 깊다면 도쿄의 스페셜티 커피숍은 무엇이 다른지, 어떻게 하면 그들과 소통할 수 있는지 궁금한 점이 많을 테다. 커피를 매개로 소통하는 스페셜티 커피 문화는 국가의 경계가 없다. 커피 산지, 가공방식, 향미 표현 등 스페셜티 커피에 대한 이야기라면 언어가 조금 서툴더라도 무리 없이 많은 대화를 나눌 수 있다.

PART 1

도쿄 도심부
東京中心部

Central Tokyo

도쿄는 일본의 수도이자 세계에서 손꼽히는 대도시다. 하지만 도쿄의 정확한 범위를 묻는다면 선뜻 대답하기 쉽지 않다. 일반적으로 23구에 서쪽의 다마 지역을 더해 도쿄로 일컫는데, 더 넓은 의미에서는 가나가와현, 지바현, 사이타마현까지 포함하여 도쿄권으로 지칭하기도 한다. 도쿄 도심의 범위 또한 세월의 흐름에 따라 큰 변화를 겪었다. 과거에는 지요다구, 미나토구, 주오구의 세 개 구가 도심을 이루었지만, 최근에는 시부야, 신주쿠까지 포함하여 도심부로 일컫는다.

도심부는 관광객들이 가장 많이 찾는 지역으로, 다양한 상업시설과 기업 본사가 밀집한 도쿄의 핵심 지역이다. 그런 만큼 임대료가 높고 고가의 상품을 파는 가게들이 즐비해 소규모의 스페셜티 커피숍을 운영하기에는 많은 어려움이 따른다. 팬데믹 기간 줄어든 관광객으로 인하여 도심부는 가장 큰 타격을 입었지만, 동시에 이곳은 더 다양한 기회를 모색할 수 있는 장소이기도 했다.

도심 한복판의 상징적인 공간으로, 또는 오피스 상권 깊숙이 침투하여 더 많은 사람에게 스페셜티 커피를 알리기 위한 방법으로, 도쿄의 도심부에는 계속해서 새로운 스페셜티 커피숍이 생겨나고 있다.

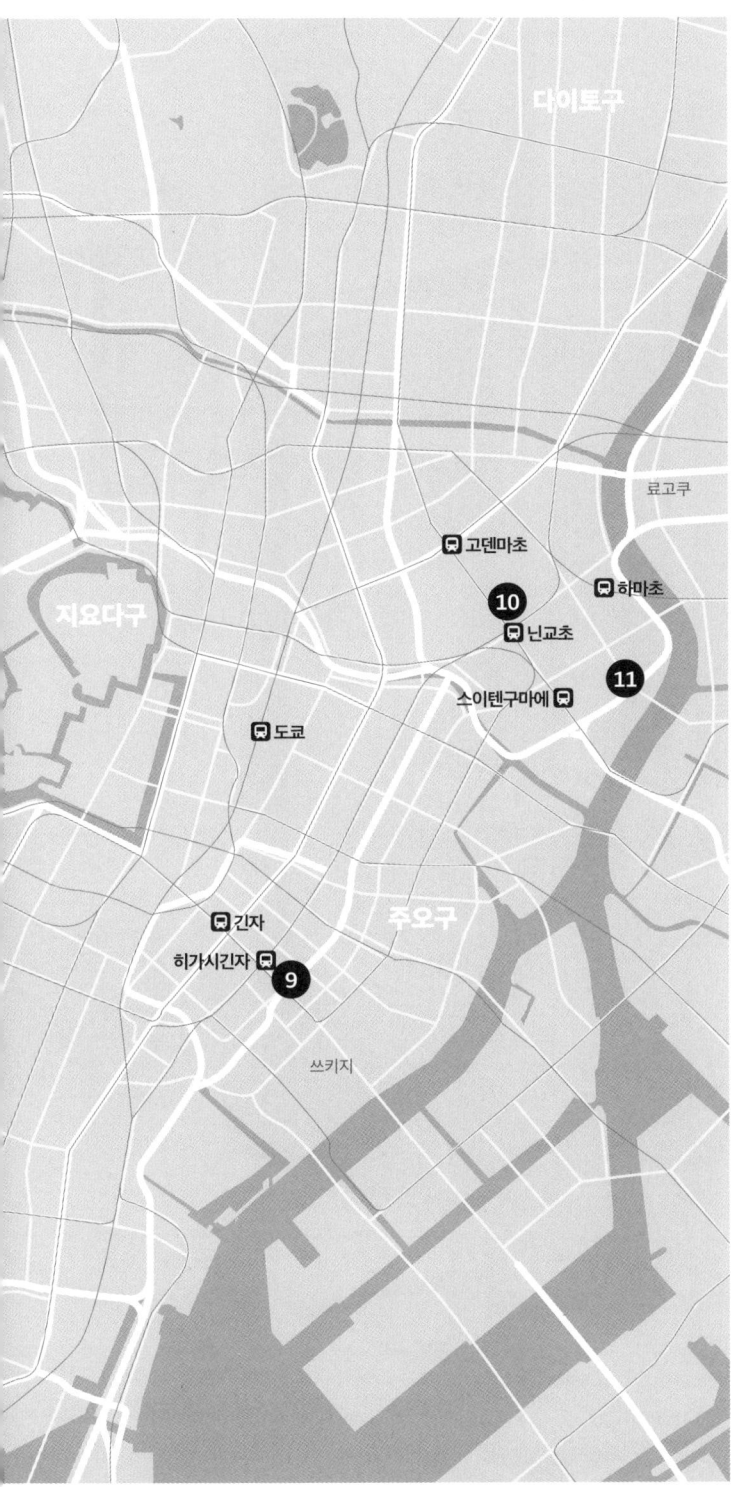

Central Tokyo

1. SWAMP
2. Brewman Tokyo
3. FUGLEN Sangubashi
4. ACID COFFEE
5. æ – ash
6. Cokuun
7. VERVE COFFEE ROASTERS Roppongi
8. Azabudai Hills
9. GLITCH Ginza
10. PASSAGE COFFEE Nihombashi
11. Single O Hamacho

① # SWAMP
신주쿠 뒷골목의 비밀 기지

일본, 특히 도쿄의 스페셜티 커피 씬에 대해 이야기하다 보면 늘 그 시작에는 〈폴 바셋〉이 있다. 〈푸글렌〉, 〈글리치〉, 〈오니버스 커피〉, 〈패시지 커피 PASSAGE COFFEE〉 등 도쿄 내에 이미 자리를 잡은 유명 커피숍의 오너는 모두 〈폴 바셋〉에서 바리스타로 일한 경험을 토대로 자신의 매장을 오픈했다. 수년 전 〈폴 바셋〉 신주쿠점을 방문했을 당시, 그곳에서 일하는 바리스타들은 향후 어디에서 어떤 활약을 펼치게 될지 생각한 적이 있었다. 그러던 중 오랜 기간 〈폴 바셋〉에서 근무했던 바리스타가 자신의 매장을 열었다는 반가운 소식을 들었다.

도쿄 도청과 유명 호텔들이 모여 있는 니시신주쿠역 근처, 널찍한 도로의 안쪽 좁은 골목 사이에 자리한 〈스왐프 SWAMP〉를 이른 아침 찾았다. 해가 뜨기 전부터 숙소에서 출발하자 오픈 시간에 맞춰 매장에 도착할 수 있었다. 좁은 공간의 바 테이블 한편에는 턴테이블이 유유히 돌아가고 등 뒤 선반에는 LP판들이 진열돼 있었다. 오픈 준비를 마친 오너는 이른 방문에 다소 놀란 기색으로 반겨 줬다. 오너인 이시카와 아츠시(石川篤希) 씨는 〈폴 바셋〉에서 무려 9년 동안 근무하다, 〈폴 바셋〉이 점점 평범한 카페로 변해가자 계속 드립 커피를 하고 싶은 마음에 퇴사를 결심했다고 한다. 퇴사 후 〈스니트Sniite〉 등에서 근무하다 2022년 신주쿠에 연 가게가 바로 〈스왐프〉다.

원래 LP 선반인 듯한 테이블 중 하나를 골라 자리를 잡고 커피를 주문했다. 직접 로스팅한 다양한 싱글 오리진[1]을 제공하는데, 별도의 로스팅 공간이 보이지 않아 물어보니 〈패시지 커피〉의 로스터기를 빌려서 로스팅한다는 답이 돌아왔다. 주문한 커피는 도쿄의 다른 스페셜티 커피숍에 비해 로스팅 포인트[2]가 살짝 높음에도 불구하고 맛이 꽤 잘 발현됐다. 식어가면서 맛이 정리되고 점점 선명해지는 훌륭한 한 잔이었다. 우유를 사용한 메뉴가 궁금해 추가로 주문한 플랫 화이트도 고소함과 산미가 어우러지면서도 각각 뚜렷하게 느껴지는, 역시나 선명하고 명확한 커피였다. 밝고 화사한 라이트 로스팅 커피를 좋아하는 손님도, 고소하고 묵직한 커피를 좋아하는 손님도, 이곳의 커피는 맛있다고 할 수밖에 없을 이상적인 커피였다.

첫 대화가 길었던 덕분인지 이곳은 금세 마음 편한 공간이 되었

1 단일 국가 또는 단일 농장의 원두.
2 원두를 볶은 정도.

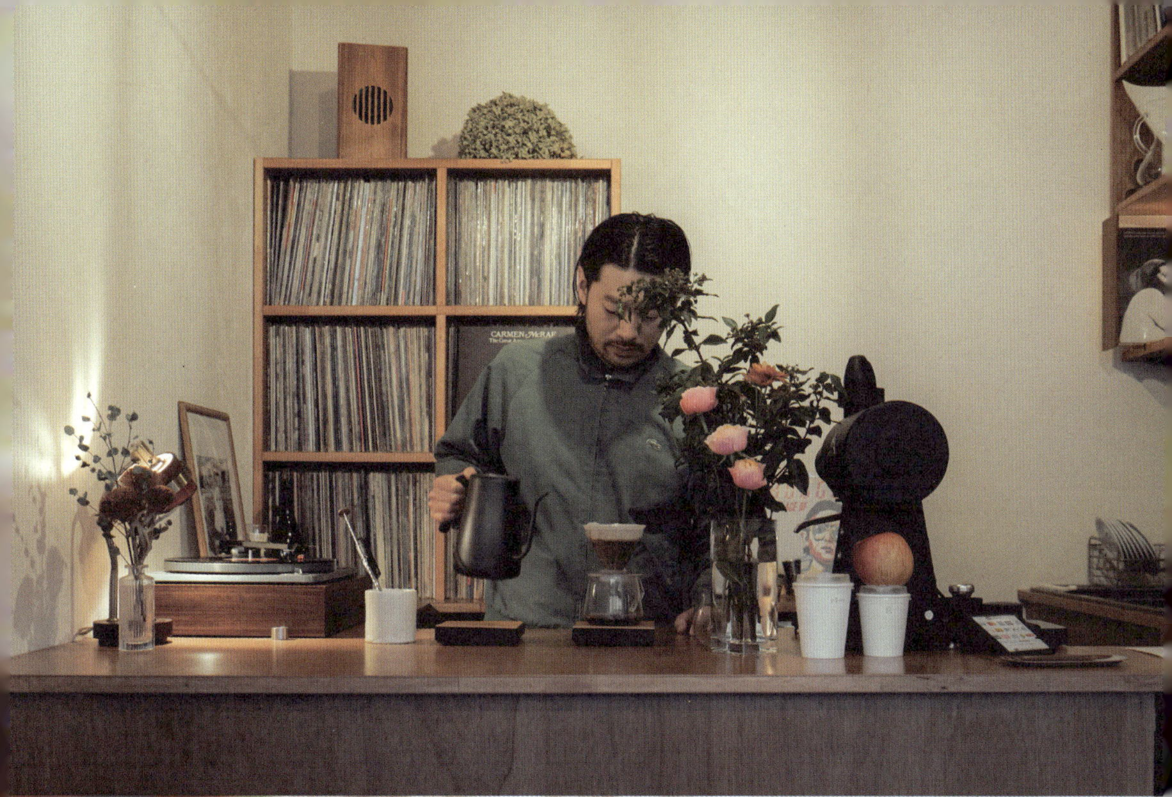

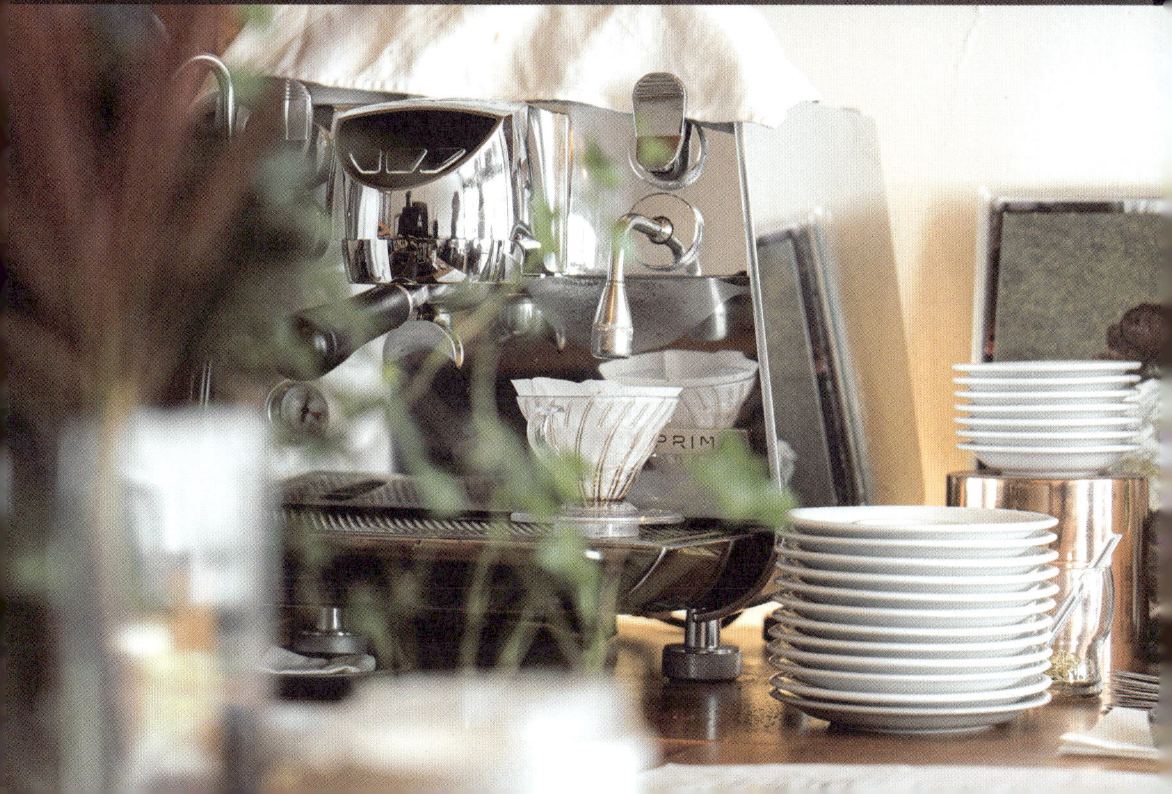

고, 이후 도쿄에 들를 때마다 찾고 있다. 오픈 시간은 다소 늦춰졌지만 여전히 이시카와 씨는 매일 손님들을 맞이하고 있었다. 나의 첫 방문 이후 도쿄 여행객이 늘고 이곳도 제법 알려지면서 어떤 시간에 방문해도 늘 사람들이 가득하다. 좁은 공간을 비집고 들어가 앉아 있다 보면, 어느새 옆에 앉아 있는 손님과 인사를 나누게 되고 자연스럽게 대화가 이어지기도 한다.

매우 바쁜 와중에도 손님을 한 명 한 명 정성껏 응대하며, 자신만의 루틴에 맞춰 커피를 추출하고 제공하는 능숙한 모습을 넋을 놓고 보다 보면 늘 생각보다 오랜 시간 머무르게 된다.

SWAMP 스왐프
신주쿠구 니시신주쿠 7-21-12 / 니시신주쿠역 1번 출구에서 도보 4분
매일 08:00~15:30
@swamp_shinjuku
드립 커피 ¥600~ / 카푸치노 ¥600

② **Brewman Tokyo**
브루잉 챔피언의 독립 매장

2022년 일본브루어스컵*Japan Brewers Cup, JBrC* 1의 우승자는 로스팅 포인트를 달리하여 로스팅한 콜롬비아 미카바 게이샤를 블렌드해 추출한 오노 히카루(小野光) 씨였다. 오노 씨는 홍콩에서 〈브루 브로스*Brew Bros*〉라는 스페셜티 커피숍을 운영하며 꽤 오랜 기간 사랑받다 코로나를 계기로 일본으로 돌아오게 되었다. 이후 가스야 테츠(粕谷哲) 씨의 코칭을 받아 일본브루어스컵에 출전하여 우승을 거머쥐었고, 그로부터 얼마 지나지 않은 2023년 4월에 지인의 디드릭*DIEDRICH* 로스터기를 인수하여 자신의 커피숍을 오픈했다.

신주쿠역 남쪽 출구로 나와 약 15분 거리, 문화복장학원의 뒤쪽 골목에 있는 〈브루만 도쿄*Brewman Tokyo*〉는 일부러 찾아가지 않으

---

1 브루잉 커피 추출 역량을 겨루는 바리스타 대회.

면 발견할 수 없는 주택가 깊숙한 곳에 자리하고 있다. 지도를 보며 목적지에 도착해도, 눈앞의 카레 가게를 지나 건물 안쪽으로 들어가고 나서야 주황색 디드릭 로스터기가 놓인 가게를 만날 수 있다. 미닫이문 바깥쪽 벤치 외에는 앉을 곳도 없지만 맛있는 커피 한 잔을 마시기에는 손색없는 공간이다. 드립을 위한 원두는 상당히 많은 종류 중에서 선택할 수 있는데, 고가 라인인 이른바 'TOP LOT'은 가스야 씨의 〈필로코페아 PHILOCOFFEA〉에서 로스팅한 원두를, 다양한 라인업의 'Brewman SELECTION' / 'SINGLE ORIGIN'은 오노 씨가 직접 로스팅한 원두를 사용한다.

첫 커피는 오노 씨가 로스팅한 에티오피아 구지 부쿠 허니를 아이스로 선택했다. 어떻게 보면 어렵지 않게 접할 수 있는 커피였지만 매우 클린하면서도 오렌지 향이 가득한, 꽤 놀라운 맛이었다. 따뜻한 드립 커피는 한국의 커피용품 회사인 '더가비'의 워터드리퍼로 추출하는데, 오노 씨는 이 도구에 대한 칭찬을 한참이나 늘어놓기도 했다.

두 번째로 이곳을 찾았을 때는 오노 씨가 또 한 번 일본브루어스컵에 참가해 아쉽게 2위를 수상한 직후였다. 몇 달 만의 방문인데도 자주 보는 것 같다며 반갑게 맞아주었다. 주문하려고 메뉴를 살펴보니 다크 로스팅의 게이샤 커피를 융드립으로 제공하는 메뉴가 추가돼 있었다. 융드립은 일본의 전통적인 깃사텐에서는 쉽게 볼 수 있지만, 라이트 로스팅 커피를 주로 제공하는 스페셜티 커피숍에서는 좀처럼 보기 쉽지 않은 터라 오노 씨에게

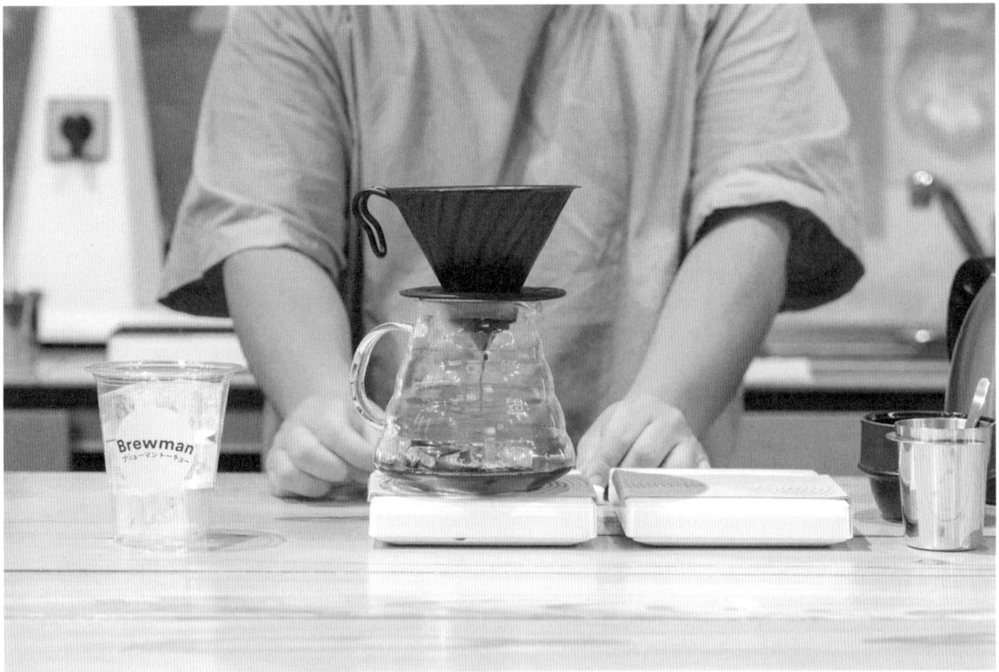
Brewman

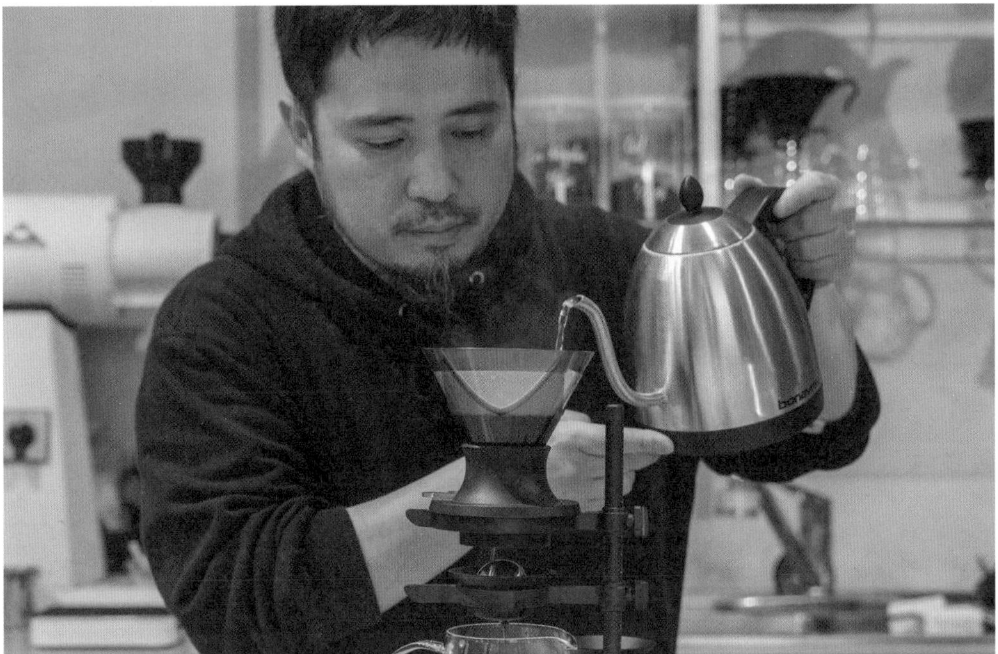

도 상당한 도전인 듯했다. 손님이 많으면 절대 판매할 수 없다며, 한 방울 한 방울 떨어지는 물줄기로 내려준 커피는 매우 새로운 경험이었다. 로스팅 포인트가 높음에도 불구하고 게이샤 커피의 고급스러운 향미는 그대로 살아 있었고, 단맛도 진하게 배어 나와 입안을 가득 채웠다.

혼자서 운영하는 공간인 만큼 금요일부터 월요일까지만 운영하고 영업시간도 매우 짧다. 하지만 시간만 잘 맞춰 이곳을 방문한다면 챔피언이 내려주는 최고의 커피를 즐길 수 있을 것이다.

Brewman Tokyo 브루만 도쿄
시부야구 요요기 3-13-1 / 미나미신주쿠역에서 도보 7분
금-월 12:00~17:30
@brewman_tokyo
드립 커피 ¥800~

FUGLEN Sangubashi
차분하게 즐기는 푸글렌 커피

(3)

〈푸글렌〉은 한국인을 포함한 외국인들이 유독 사랑하는 도쿄 스페셜티 커피숍 중 하나다. 〈폴 바셋〉 출신 바리스타 고지마 겐지(小島賢治) 씨가 노르웨이 오슬로의 본점에서 일하고 돌아와 2012년에 문을 연 도쿄 분점은, 많은 사람이 일본 브랜드로 여길 만큼 일본에서 더 유명한 스페셜티 커피숍이 되었다. 첫 매장인 시부야점은 오슬로의 멋진 공간을 그대로 재현해 이른 아침부터 늦은 밤까지 분위기를 달리하며 전 세계 사람을 끊임없이 끌어모으고 있다. 이후 센소지 근처의 아사쿠사점, 노보리토의 로스터리를 포함해 여러 지점이 도쿄에 등장했는데, 2024년 4월에 산구바시점이 완전히 새로운 콘셉트로 오픈했다.

주말 오전, 고후시에서 커피숍 오픈을 준비하고 있는 지인과 도쿄에서 만나 예약시간에 맞춰 〈푸글렌〉을 찾았다. 오래된 민가를 리모델링한 건물은 외관부터 예사롭지 않았다. 마치 교토에 있을 법한 전통적인 분위기와 〈푸글렌〉의 세련된 로고가 어우러져 들어가기 전부터 기대감이 고조됐다.

카운터에서는 고지마 씨가 직접 손님을 맞이하고 있었다. 예약 시간을 확인한 그는 차분한 어조로 자리를 안내했다. 하나의 테이블과 아홉 개의 바 좌석만을 갖춘 이곳은 기존의 〈푸글렌〉과 달리 커피 한 잔을 느긋하게 즐길 수 있도록 구성했다. 예약을 통해 시간을 미리 지정하고 방문하도록 안내하고 있으며, 단품과 코스 메뉴 중 원하는 걸 주문하면 된다.

이날은 두 종류의 커피를 맛볼 수 있는 코스를 예약했다. 드립 커피 한 잔과 노르웨이에서 하이킹을 하며 커피를 내려 마시는 방식인 코케카페*Kokekaffe* 한 잔을 1시간에 걸쳐 즐길 수 있다. 다른 지점에 비해 특별한 원두를 제공하고 있지는 않지만 분쇄 과정에서 발생하는 열로 인한 산화를 최대한 방지하기 위해 수동 그라인더를 사용하고, 크루브*KRUVE* 시프터를 이용하여 미분을 제거함으로써 〈푸글렌〉이 추구하는 클린한 커피를 한층 더 고급스럽게 표현한다.

최근 도쿄 스페셜티 커피 씬에서 다양하게 시도되는 커피 코스를 〈푸글렌〉이 어떻게 풀어낼지 궁금했었는데, 차분한 공간 속에서 1시간이 순식간에 지나갈 정도로 커피에 몰입할 수 있었다.

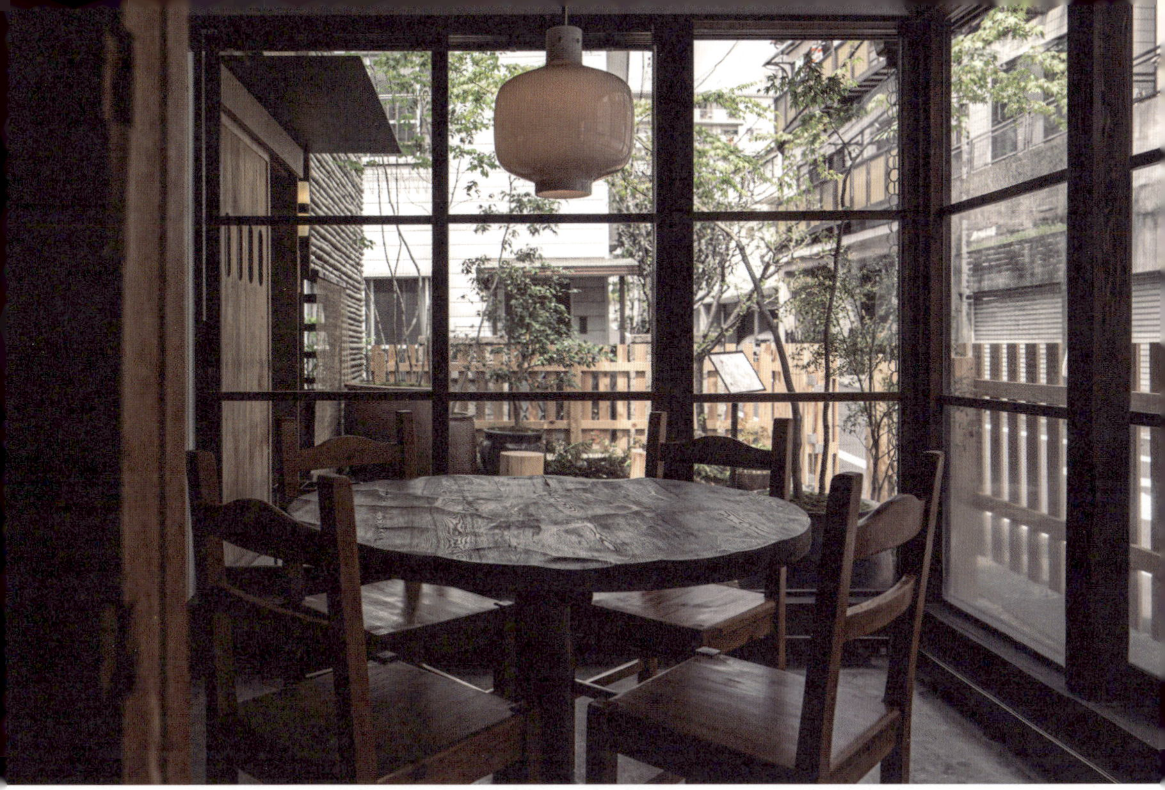
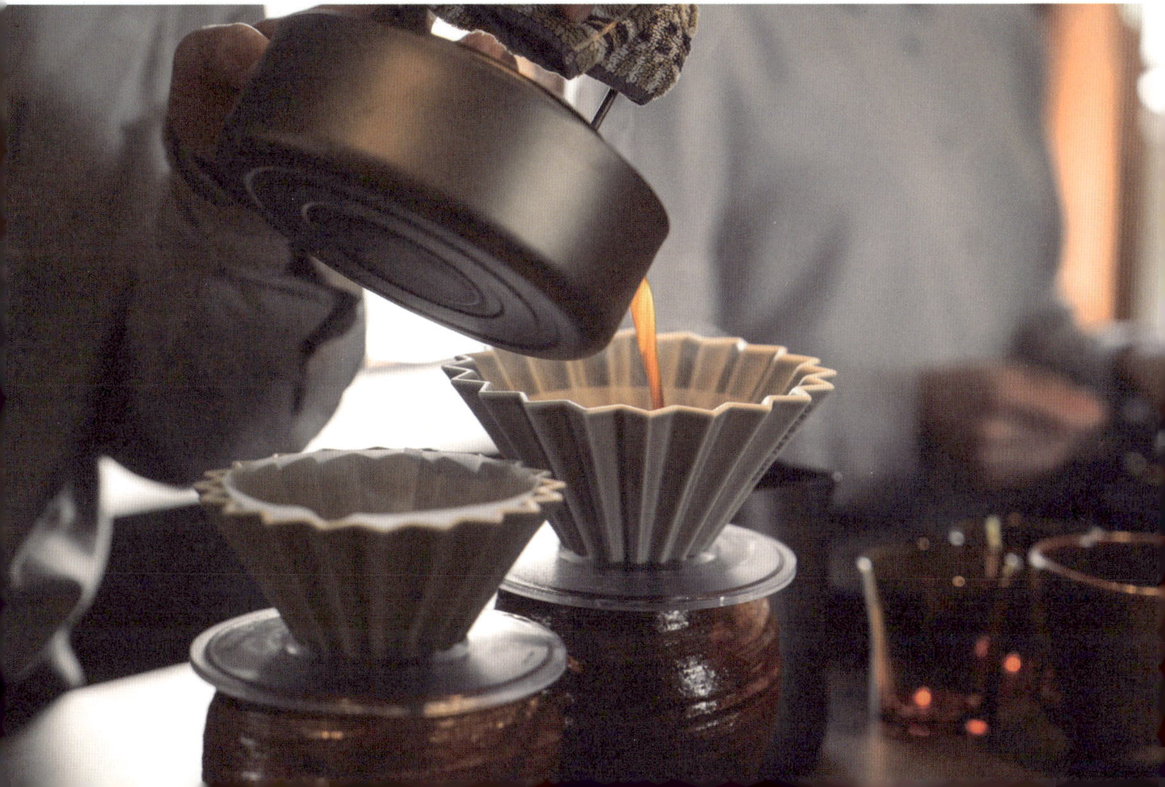

FUGLEN Sangubashi 푸글렌 산구바시점

시부야구 요요기 4-20-10 / 산구바시역에서 도보 3분
화-일 12:00~18:00
@fuglensangubashi
커피코스(2종) ¥2,790 / 핸드드립 커피 ¥1,400

④ # ACID COFFEE
요요기우에하라의 새로운 커피 실험실

시부야 진난, 요요기 공원 초입에 자그마한 커피 스탠드로 시작한 〈애시드 커피ACID COFFEE〉는 건물 계약 문제로 장소를 옮겨 2024년 1월, 요요기우에하라역 앞에 새 보금자리를 열었다.

오너인 츠카다 켄타(塚田健太) 씨는 〈폴 바셋〉과 〈글리치〉를 거친, 말 그대로 도쿄의 스페셜티 커피 엘리트 코스를 밟아왔다. 개인적으로 하고 싶은 일이 많은 탓인지 다양한 형태의 매장을 운영했고, 스페셜티 커피와 칵테일을 함께 판매하는 〈커피 바 개러지COFFEE BAR GALLAGE〉로 꽤 많은 인기를 끌었었다.

새롭게 이전한 매장의 분위기가 궁금해 찾아간 때는 이른 오전이라 아직 손님이 많지 않았다. 오너인 츠카다 씨는 없었지만, 오래전부터 SNS로 알고 지내다 실제로는 처음 만난 기타가와 류스케 씨와 새롭게 합류하여 업무를 배우기 시작한 아나스타샤

씨가 근무하고 있었다. 매장 안쪽의 실험실 같은 공간과 바 뒤의 LP 플레이어 그리고 흡음재를 방석으로 사용한 좌석 등이 만들어 내는 이색적인 분위기는 이곳이 어떤 커피를 추구하는지 한눈에 보여주었다.

주문하려고 카운터 앞에 서니 삼십여 종의 원두가 색색의 설명 카드와 함께 진열되어 있었다. 한잔에 800엔인 일반적인 농장의 원두부터 한 잔에 10,000엔인 초고가의 파나마 에스메랄다 게이샤까지 선택지가 다양했는데, 너무 비싼 가격이 부담스러운 사람을 위해 모든 원두에 100ml만 주문할 수 있는 하프컵 메뉴를 제공하고 있었다.

궁금한 커피가 많아 두 가지를 골라 각각 하프컵으로 주문했다. 모든 커피는 파라곤^{Paragon} 드리퍼를 이용해 추출하고 와인잔에 제공되었다. 공간이 주는 분위기와 함께 와인잔을 통해 올라오는 커피 향미가 만족감을 배가시켜 주었다.

ACID COFFEE 애시드 커피

시부야구 우에하라 1-29-5 / 요요기우에하라역에서 도보 3분
매일 08:00~18:00
@acidcoffeetokyo
드립 커피(하프) ¥480~

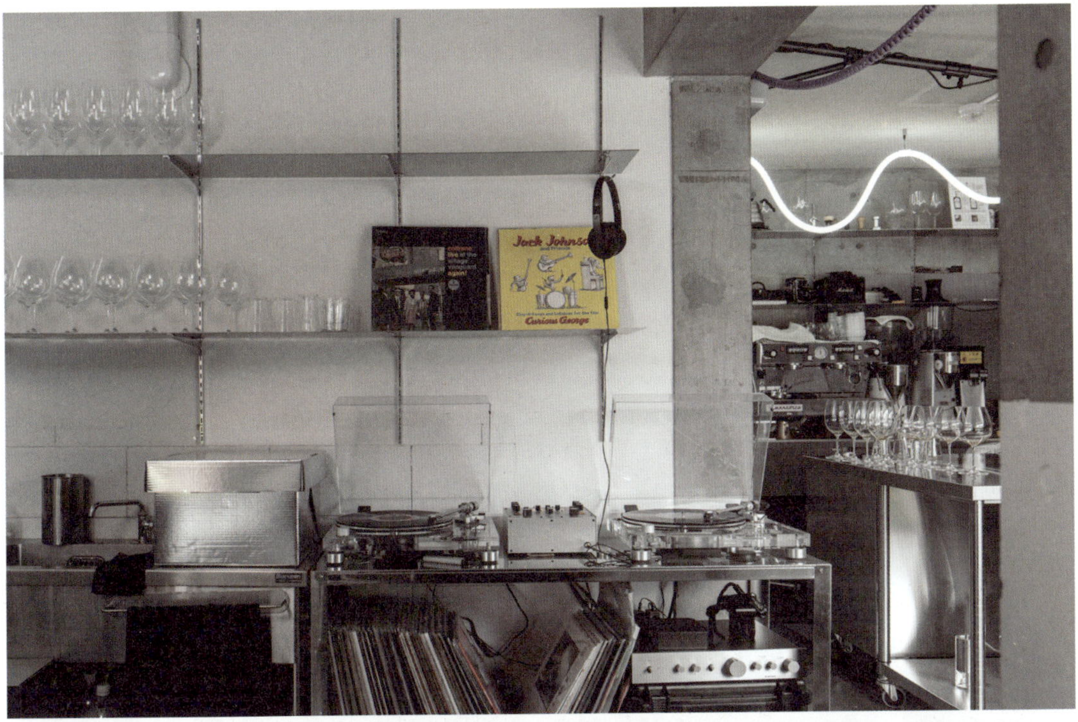
Curious George

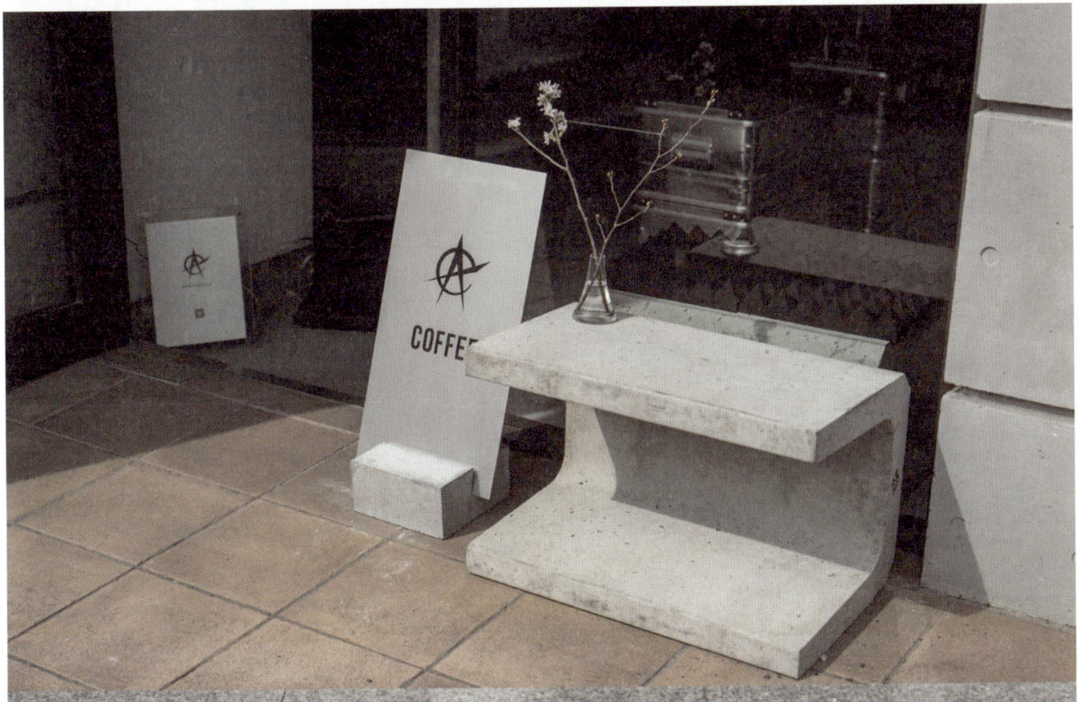

⑤ # æ - ash
일본 최고의 칵테일 바와 바리스타 챔피언의 컬래버

일본바리스타챔피언십 우승을 세 번이나 거머쥔 이시타니 다카유키(石谷貴之) 씨를 직접 만나볼 수 있는 매장이 생겼다. 2022년 5월 진난에 오픈한 〈애쉬ae - ash〉는 일본에서 가장 유명한 칵테일 바 중 하나인 'SG그룹'의 고칸 신고(後閑信吾) 씨가 선보인, 주류와 커피를 함께 즐길 수 있는 특별한 공간이다. [ash]로 발음하는 'æ'라는 문자는, 옆으로 뒤집으면 무한대의 의미(∞)가 되어, 지속 가능한 생태계를 의미하는 '제로 웨이스트zero waste'를 상징한다. 실제로 이 매장에서는 종이 메뉴판 대신 QR코드를 활용해 핸드폰으로 메뉴를 확인하도록 하고 영수증과 휴지 등 일회성 소모품 사용을 최소화하여 친환경 가치를 실현한다.

시부야역에서 도보로 10분 내외 거리에 위치한 진난 지역은 요요기 공원과 NHK 방송국을 가까이 두고, 다양한 상업시설과 주거지가 혼재한 특색 있는 장소다. 〈푸글렌〉, 〈블루보틀BLUE BOT-

TLE〉 같은 유명 스페셜티 커피숍뿐만 아니라 분위기 좋은 맛집이 도처에 있어 도쿄의 매력을 충분히 느낄 수 있다.

작은 입간판만으로 가게의 존재감을 알리는 〈애쉬〉는 대여섯 명이 앉을 수 있는 바 공간과 높은 좌석의 테이블 몇 개를 갖춘 공간으로, 규모는 크지 않았지만 사람들로 북적였다. QR코드를 찍고 살펴본 메뉴는 구성이 상당히 다양했다. 늦은 밤 처음 이곳을 찾았을 때는 칵테일 바 같은 분위기에 맞춰 에스프레소 마티니를 주문했다. 가끔씩 바에서 에스프레소 마티니를 먹을 때면 사용하는 술에 비해 신경을 덜 쓴 강한 로스팅 포인트의 커피가 아쉽곤 했는데, 이곳은 게이샤를 블렌드한 고가의 스페셜티 커피를 사용한 만큼, 그 어디에서도 맛보지 못한 최고의 에스프레소 마티니를 경험할 수 있었다.

마침 이날은 이시타니 씨가 바에 있는 날이라 칵테일 한 잔만 마시고 돌아가기에는 아쉬움이 남았다. 하루 종일 새로운 커피숍을 찾아다니면서 이미 예닐곱 잔의 커피를 마셨지만, 내친김에 화이트 커피[1]를 추가로 주문했다. 이시타니 씨가 바로 앞에서 만들어준 카페 라떼는 대회에서나 맛볼 수 있을 법한 부드러운 우유 거품과 산미를 머금은 라이트 로스팅 커피가 조화를 이루어 카페인으로 가득 차 있던 속을 오히려 편안하게 해주었다.

1 우유를 사용해 제조한 커피.

낮의 분위기가 궁금해 다시 찾은 〈애쉬〉는 밤과는 완전히 다른 분위기였다. 세련된 옷차림을 한 젊은 손님들이 가득 채운 공간을 비집고 들어가 에스프레소 토닉과 퐁당 쇼콜라 까눌레를 주문했다. 고급 스페셜티 커피를 베이스로 한 각양각색 음료와 다양한 선택지의 디저트들은 어느 시간대에 와도 아쉽지 않을 만족감을 안겨 주었다.

æ - ash 애쉬
시부야구 진난 1-5-2 / 시부야역에서 도보 8분
매일 12:00~24:00
@ash_jinnan
에스프레소 마티니 ¥1,650 / 에스프레소 토닉 ¥858

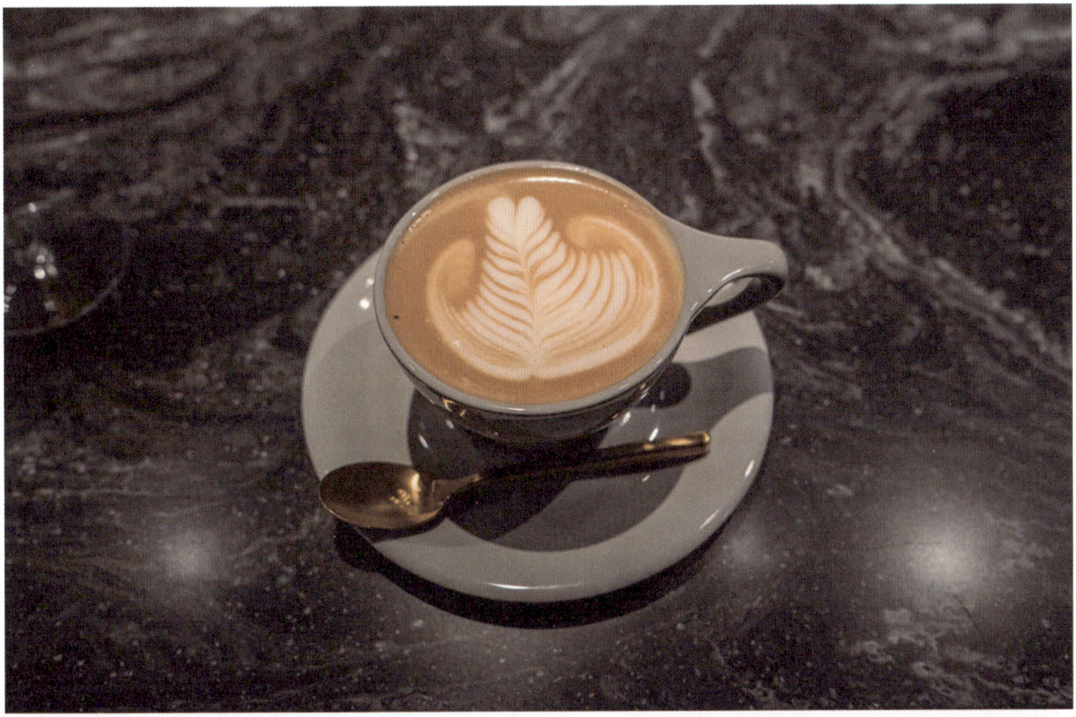

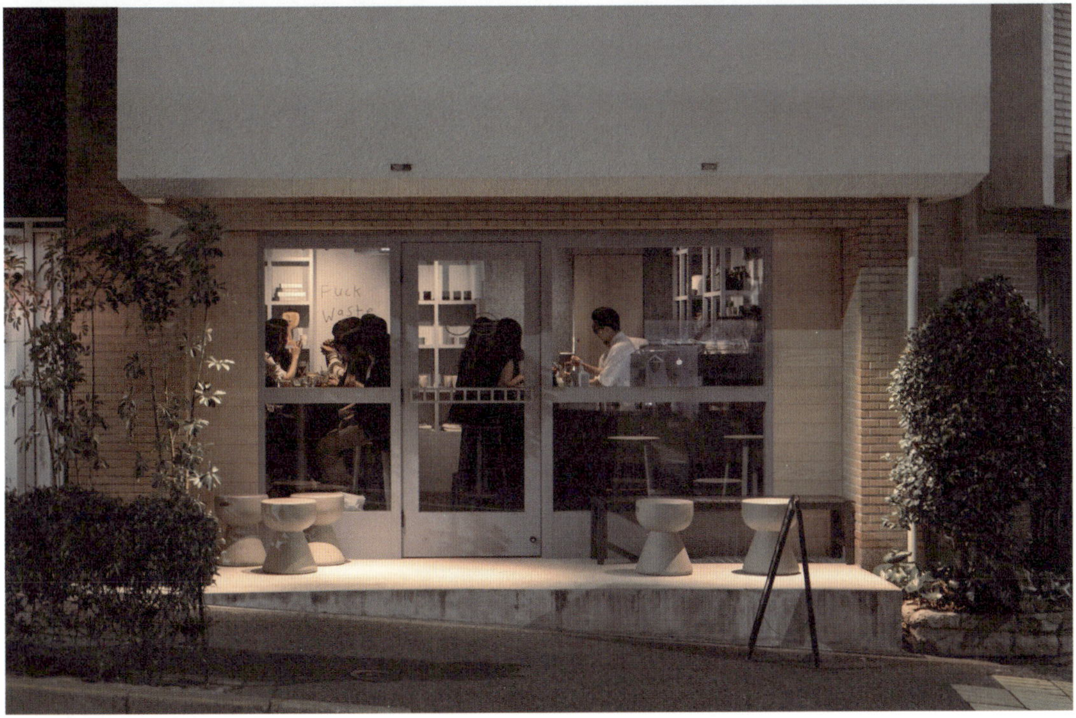
Fuck

⑥ **Cokuun**
일본의 다도를 담은 최고급 커피 코스

일본 최초의 월드바리스타챔피언십*World Barista Championship*, WBC[1] 챔피언 이자키 히데노리(井崎英典) 씨가 야심 차게 준비한, 최고급 커피 코스를 즐길 수 있는 공간이 2022년 말 드디어 대중에게 공개됐다.

이자키 씨는 가족이 운영하는 후쿠오카의 〈허니 커피*Honey Coffee*〉와 〈마루야마 커피*Maruyama Coffee*〉에서 어린 시절부터 경험을 쌓으며 일본바리스타챔피언십에서 2연패를 달성하고 2014년 월드바리스타챔피언십에서 아시아 최초로 챔피언 타이틀을 획득한 유명 바리스타다. 이후로도 많은 대회 챔피언을 코치하고 컨설팅하며 활발한 활동을 벌여온 이자키 씨가 팬데믹 기간 동안 준비한 이 공간은, 그 어느 곳에서도 만날 수 없는 특별하고 고급스러운

---

1 세계 각국의 바리스타챔피언십 우승자들이 한자리에 모여 세계 챔피언을 가리는 대회.

커피 경험을 제공한다. 단 네 석의 자리를 예약제로만 운영하고, 주소는 공개되지 않아 예약 이후 메일로 찾아올 장소를 안내해 준다.

지극히 사적인 공간에 초대받은 느낌으로 이른 아침 찾아간 매장에는 영국인 두 명과 일본인 한 명이 이미 대기하고 있었다. 이날은 2017년 월드바리스타챔피언십에서 2위를 차지한 스즈키 미키(鈴木樹) 씨가 코스를 제공했다. 스즈키 씨 또한 〈마루야마커피〉에서 긴 시간 경험을 쌓은 바리스타로, 이자키 씨의 권유에 따라 〈코쿤Cokuun〉에 합류하게 됐다.

이곳은 일본의 전통적인 다실을 현대적으로 재해석하여 고치 형태의 공간을 구성했다. 손님이 모두 도착할 때까지 함께 대기했다가 좁은 통로를 지나 몸을 굽혀 '니지리구치(躙り口)'라고 불리는 작은 문을 통과하면 비로소 커피를 제공하는 공간이 나온다. 전국시대에 일본 다도의 개념을 정립한 센노 리큐(千利休)는 다실로 들어가는 출입구를 아주 작게 만듦으로써 칼을 찬 무사들이 출입하지 못하게 하는 동시에 자신을 낮추는 과정을 자연스럽게 거칠 수 있도록 했다. 이는 간소하고 차분한 미의식인 '와비(詫び)'의 개념과 맞닿아 있는데, 대기 공간 한편에는 이러한 다도의 개념을 한 방울의 물이 만들어내는 파장으로 표현한 마츠바라 켄(松原健)의 작품 「칸·잇테키」가 설치되어 있었다. 간략한 설명을 듣고 한 명씩 고개를 숙여 좁은 문을 지나 고치 모양의 공간 안으로 들어갔다.

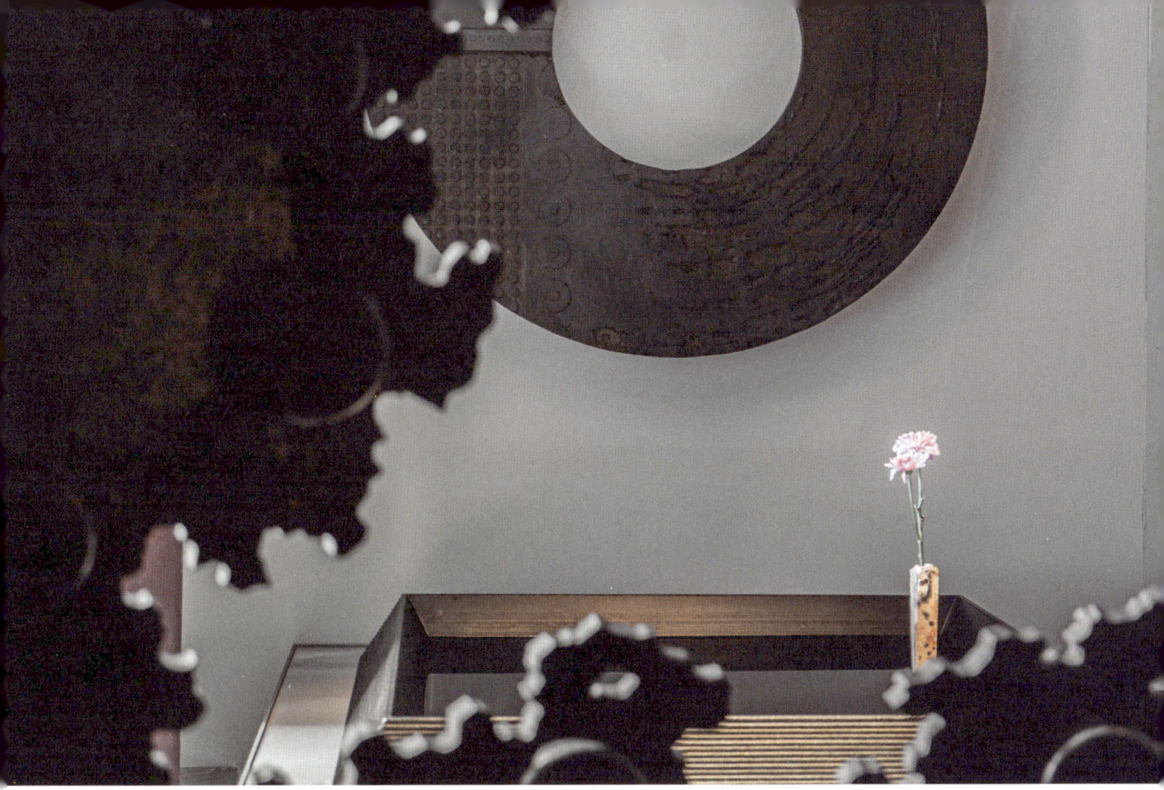

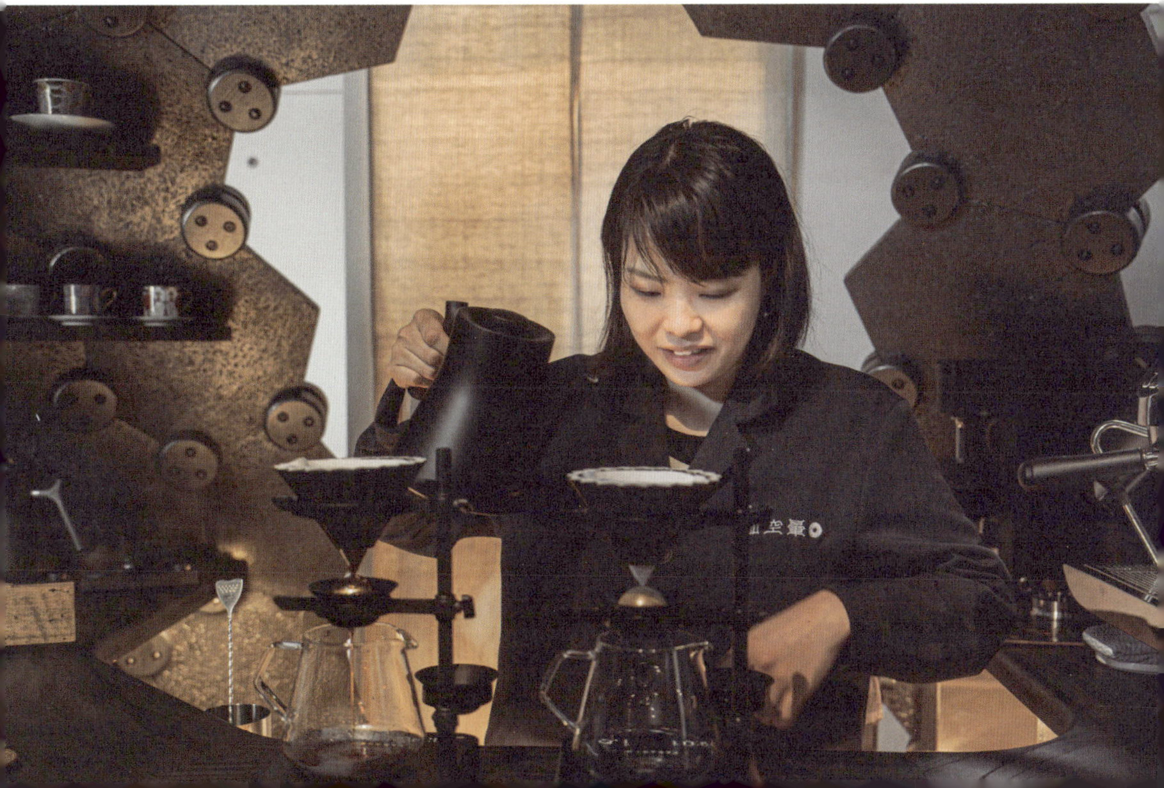

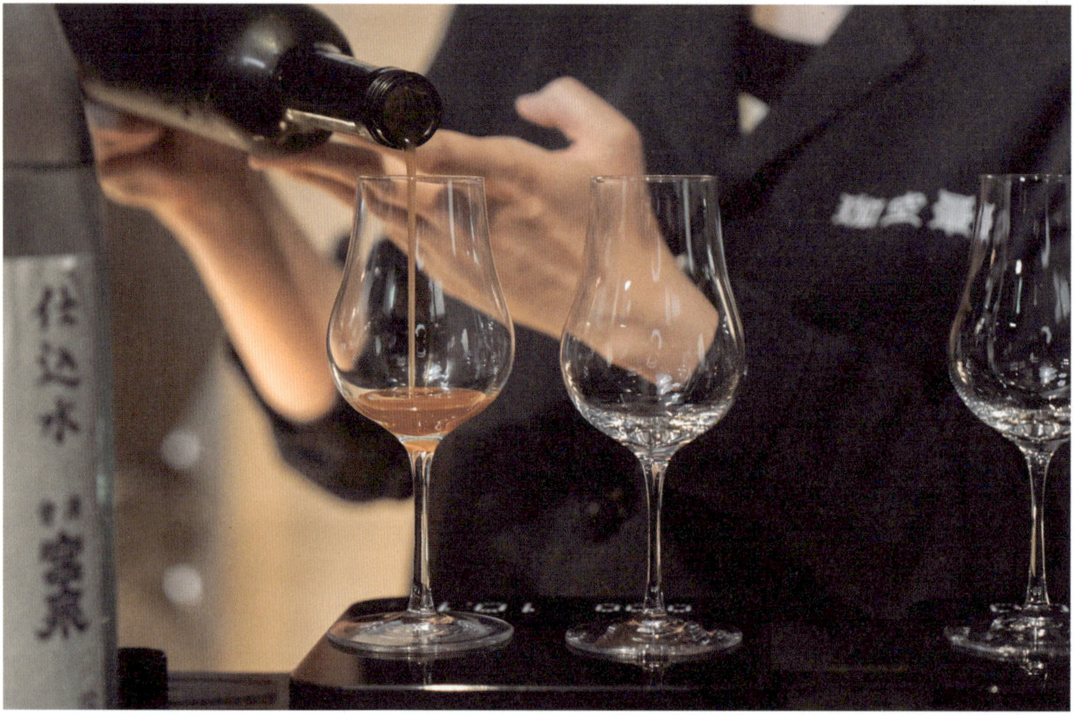
仕込水

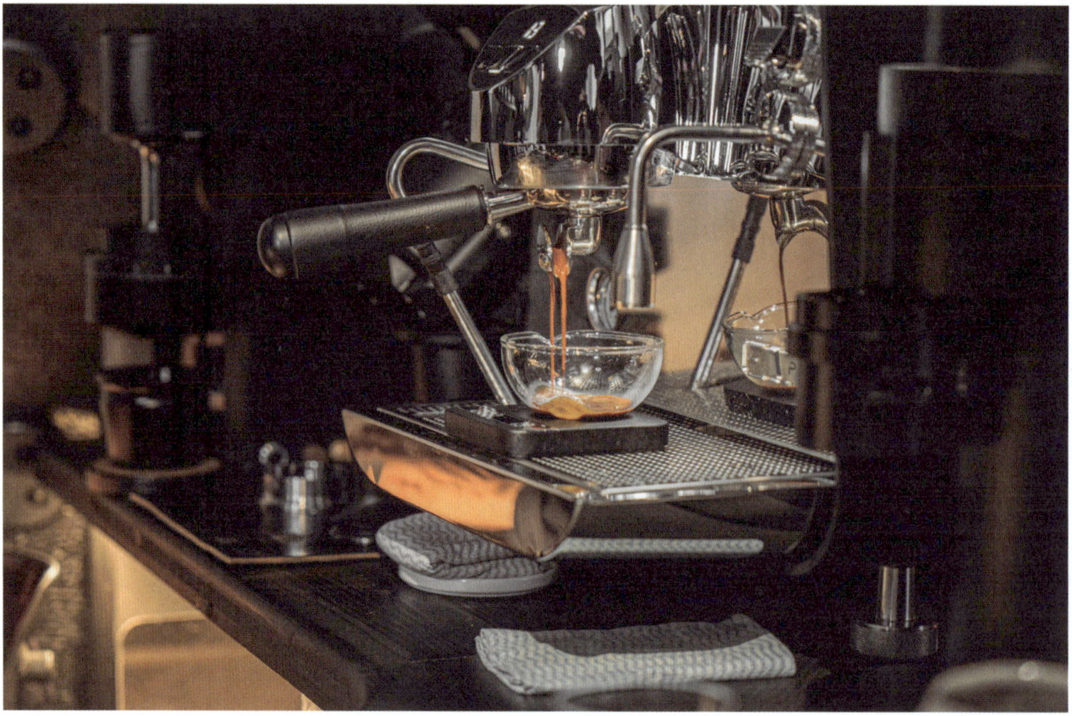

준비된 커피는 온두라스 로스 피노스 농장의 티피카 품종이었다. 게이샤가 휩쓸고 있는 온두라스의 COE[2] 랭킹에서 티피카 품종만으로 계속해서 좋은 성적을 내는 농장인데, 각각 내추럴, 워시드, 허니 프로세스로 가공된 이 농장의 커피를 코스에 맞춰 내어 주었다. 먼저 세 가지 프로세스의 커피를 가볍게 비교할 수 있도록 아메리카노를 활용한 메뉴로 코스가 시작되었다. 첫 번째 웰컴 드링크는 '스파클링 커피'. 미리 추출한 커피와 장미 꽃잎, 바질, 어성초 등이 들어간 탄산수에 아마자케[3]를 섞었는데, 샴페인을 이미지화했다는 설명처럼 탄산감이 가득한 음료에서 나는 독특한 어성초 향이 인상적이었다. 두 번째 메뉴는 파라곤 드리퍼로 추출한 드립 커피였다. 온라인 판매만을 고집하며 전국적인 명성을 얻은 '미스터 치즈케이크 Mr. CHEESECAKE'의 치즈 케이크가 함께 제공됐다. 얼린 치즈 케이크가 해동되면서 점점 부드러워지는 맛과 반대로 온도가 떨어지며 식어가는 커피의 맛 변화를 함께 느껴 보는 재미가 있었다. 세 번째 음료는 '우마미 밀크'라는 이름으로 감칠맛을 극대화한 카페 라떼였다. 감칠맛(우마미)을 발견한 나라답게 이를 표현하는 데 상당한 노력을 들인 느낌이었다. 건조한 멜론을 담가 향을 뽑아낸 농축 우유에 다시마, 가츠오부시, 토마토, 버섯의 다양한 감칠맛 성분을 가미한 이 음료는 생에 처음 경험하는 새로운 맛이었다. 마지막 메뉴는 아카시아 시럽과 여러 재료를 혼합해 논알코올 진과 에스프레소를 넣은 목테일 mocktail[4]로,

2 'Cup of Excellence'의 약어로 스페셜티 커피 출품 대회를 가리킨다.
3 일본의 감주.
4 알코올이 들어가지 않은 칵테일.

여러 맛이 입안에서 조화를 이루어 혀를 즐겁게 했다. 마치 바리스타챔피언십을 눈앞에서 시연하는 것 같은 잘 짜인 메뉴 구성과 다양한 맛 하나하나를 끌어내기 위해 노력한 흔적들 덕분에 1시간 30분간의 시간이 결코 아깝지 않았다.

분기 또는 계절 단위로 바뀌는 코스는 그때그때 확보한 희소한 커피와 일본의 제철 식재료를 이용하여 완전히 새롭게 구성된다. 이후 다시 찾았을 때는 이자키 씨가 진행한 코스를 경험할 수 있었다. 아라비카의 조상으로 불리는 유게니오이데스 품종의 매우 희소하고 값비싼 원두와 함께, 이자키 씨가 동남아에서 직접 확보한 여러 신선한 재료를 활용한 코스가 제공됐다. 국내외 커피 관계자와 해외 관광객 그리고 일본 각지에서 온 손님들까지, 〈코쿤〉은 어느새 도쿄를 대표하는 스페셜티 커피숍이 되었다고 해도 과언이 아니다. 가장 일본적이고 고급스러운 커피 코스를 경험하고 싶다면 반드시 한 번은 가 보아야 할 곳이다.

Cokuun 코쿤
비공개
예약제(예약페이지 확인)
@cokuun_jp
커피 오마카세 ¥16,500(변동)

VERVE COFFEE ROASTERS Roppongi
롯폰기에서 만나는 제3의 커피 물결

2007년 미국 캘리포니아 산타크루즈에서 문을 열며 제3의 커피 물결의 중심에 있었던 〈버브 커피 로스터스*VERVE COFFEE ROASTERS*〉는 매우 이른 시기부터 일본 시장을 공략했다. 2016년 신주쿠역 '뉴우먼*NEWoMAN*' 2층에 첫 매장을 오픈한 이후 계속 매장을 늘려, 가마쿠라점을 포함해 총 여섯 개의 매장을 일본에서 운영하고 있다. 2020년 기타가마쿠라에 로스터기를 설치하면서 이전까지는 미국에서 수입하던 원두를 모두 일본 내에서 로스팅하기 시작했으며, 그 이전과 이후의 맛 차이가 거의 느껴지지 않을 정도로 현지화에 성공했다.

개인적으로 도쿄를 방문할 때마다 〈버브 커피 로스터스〉의 한 지점은 꼭 들르는 편이다. 손님과의 커뮤니케이션을 중요시했던 초기 미국 스페셜티 커피 문화를 그대로 보존하고 있으면서도 일본 고유의 오모테나시[1] 문화를 접목한 기분 좋은 분위기가 그 이유다. 모든 싱글 오리진 커피는 주문하기 전 시음해 볼 수 있고, 원두를 구매하면 금액과 관계없이 모든 커피 메뉴 중 하나를 무료로 마실 수 있다.

롯폰기점은 코로나가 한창인 2020년 4월에 비교적 조용히 오픈 소식을 알렸다. 입국이 재개되고 처음 방문했을 때만 해도 비교적 한가했던 매장은 이제 거의 발 디딜 틈도 없을 정도로 손님들로 북적거리는 공간이 되었다.

코로나 이후 첫 도쿄 방문 때 가장 먼저 이곳을 찾았다. 롯폰기역을 빠져나와 아자부다이 방면으로 5분 정도 걷다 보니, 통유리로 가득 채운 건물의 1, 2층을 통째로 쓰는 매장이 나타났다. 평일과 주말을 가리지 않고 다양한 사람이 자유롭게 드나드는 공간 1층에는 십여 종의 다양한 원두를 판매하는 진열대와 함께 모든 원두를 시음해 볼 수 있는 기다란 바가 손님을 맞는다. 팬데믹으로 인하여 한동안 도쿄 방문을 못 한 탓에, 여권 지갑 속에는 거의 5년 전에 구입한 〈버브 커피 로스터스〉의 음료 쿠폰이 다섯 장이나 남아 있었다. 조심스럽게 이 쿠폰을 아직 사용할 수 있는지 물으니, 직원은 너무나 당연하다는 듯한 표정으로 어떤 음료든 주문할 수 있다고 했다. 망설임 없이 몇 년 동안 마시지 못했던 '라테 발렌시아'를 주문했다. 오렌지 향 가득한 달콤

---

[1] 손님을 진심으로 대하는 일본식 접객 문화.

한 카페 라떼를 마시면서 다시 도쿄에 왔다는 사실을 실감했다.

VERVE COFFEE ROASTERS Roppongi
버브 커피 로스터스 롯폰기점

미나토구 롯폰기 5-16-8 / 롯폰기역에서 도보 6분
매일 07:00~21:00
라테 발렌시아 ¥780 / 푸어오버 ¥780~
@vervecoffeejapan

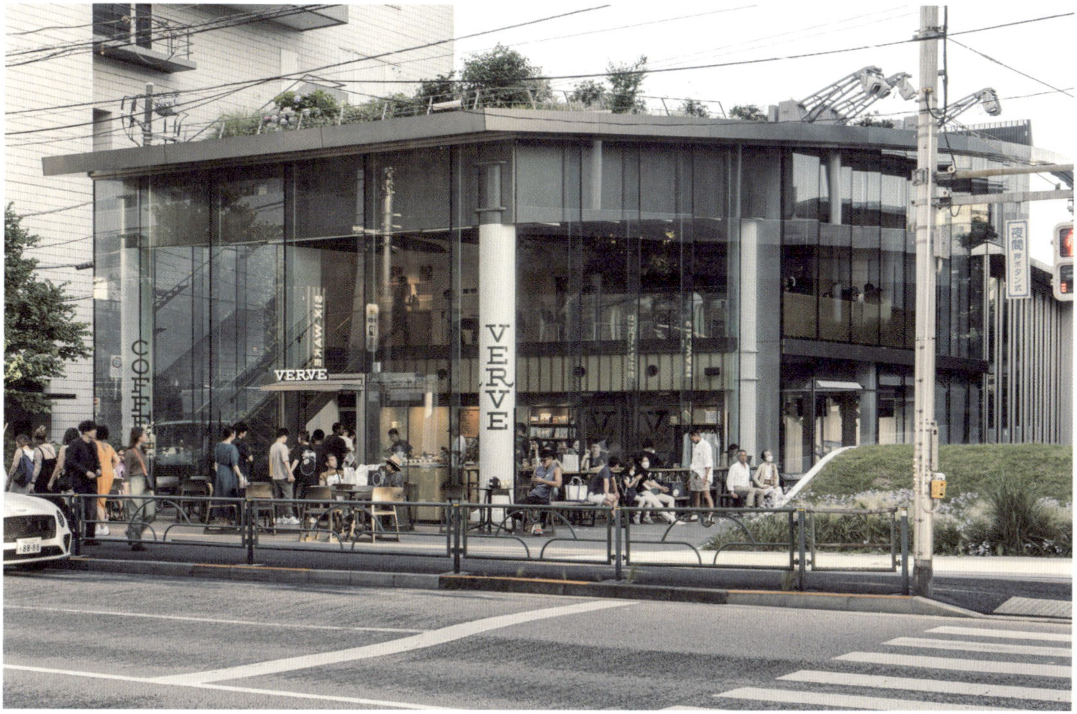
VERVE
VERVE

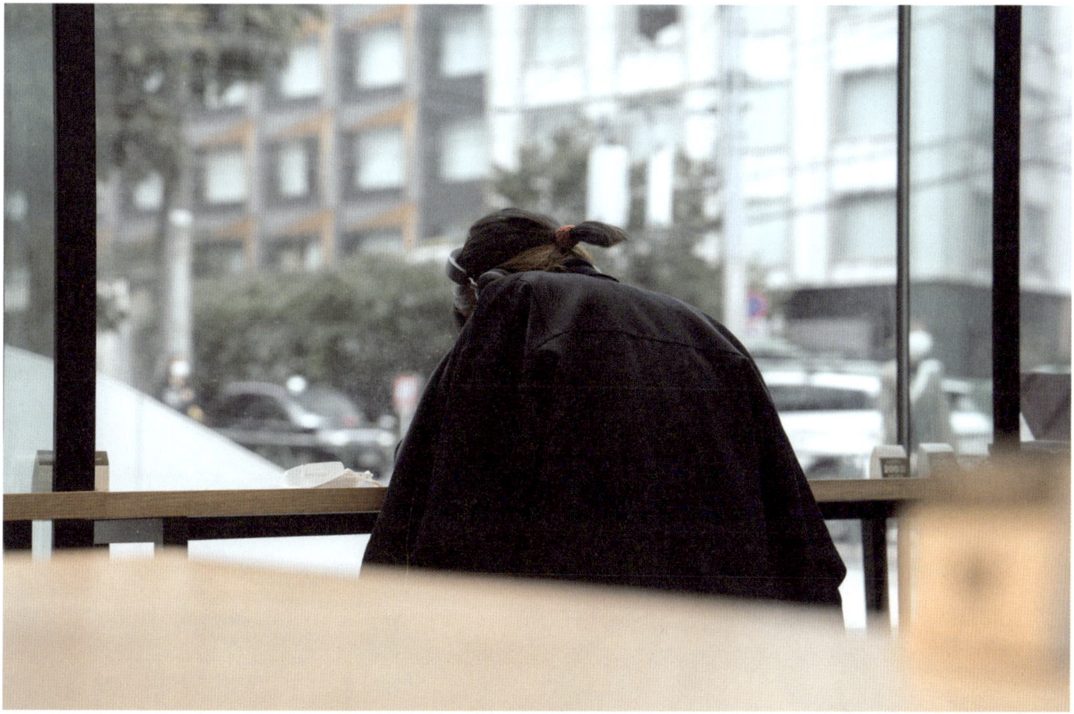

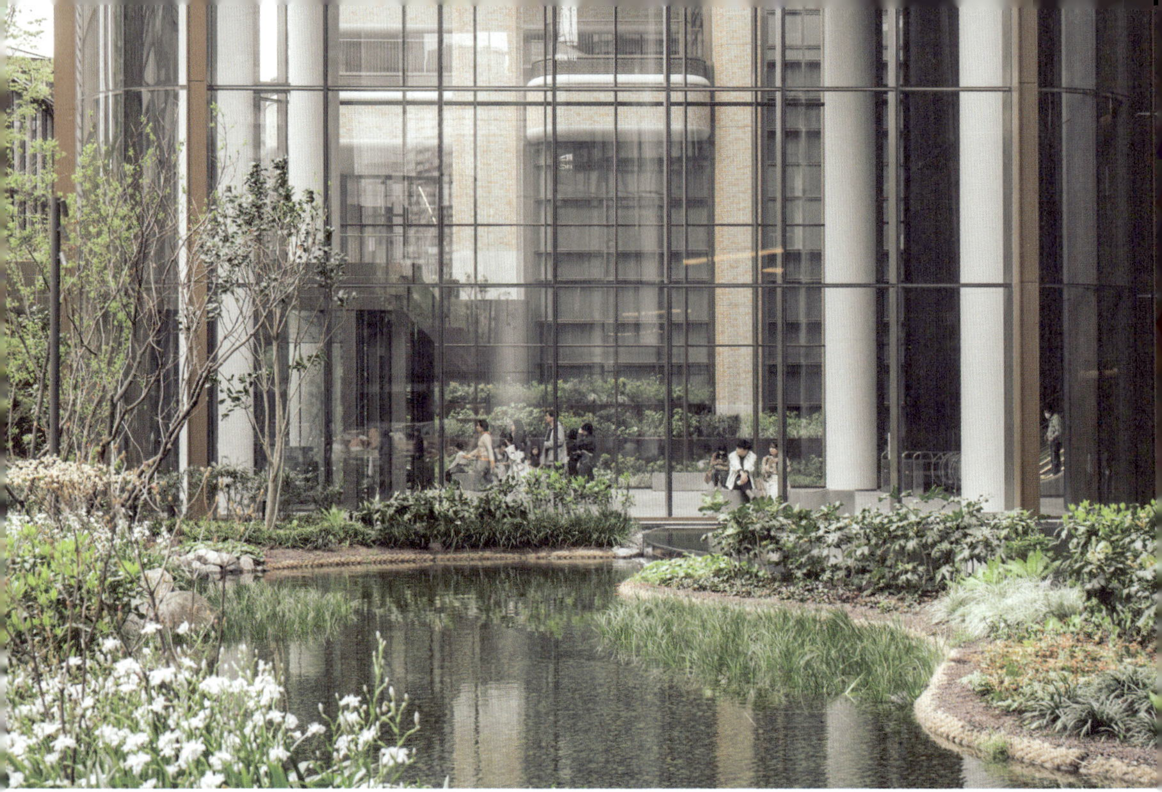

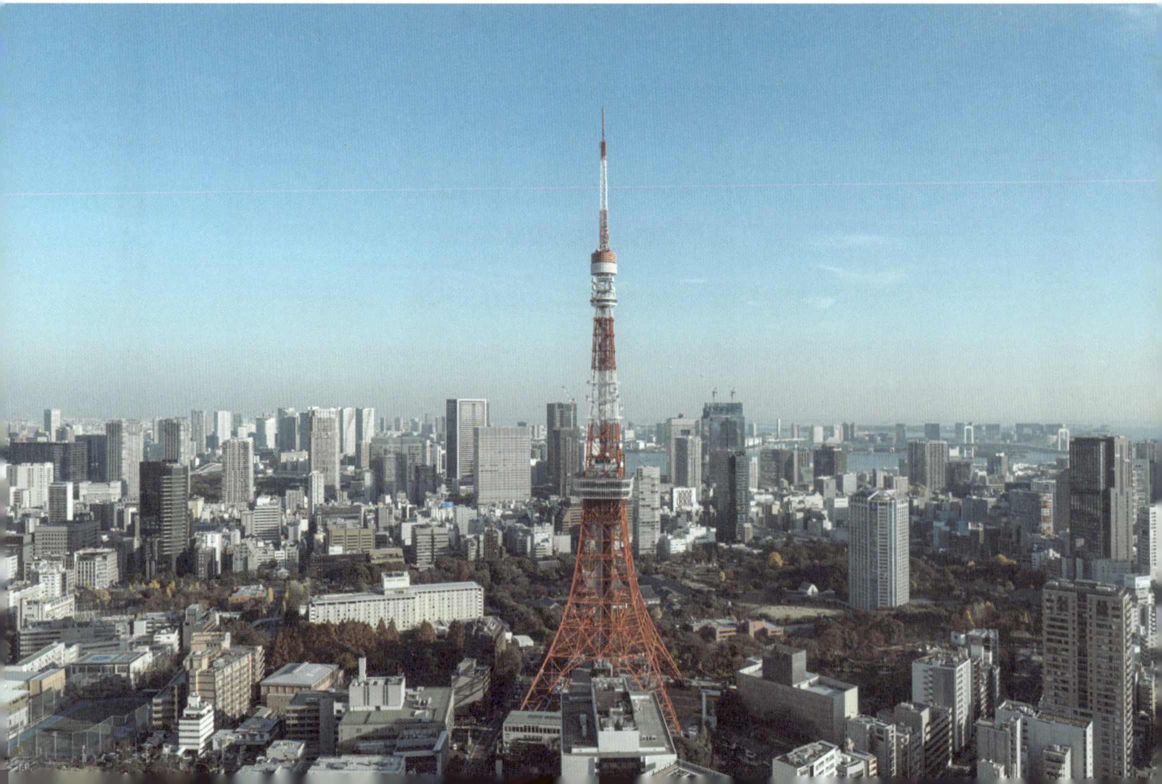

⑧

Azabudai Hills
도쿄의 미래를 담은 새로운 복합 공간

'롯폰기 힐즈'와 '오모테산도 힐즈' 등 도쿄 내 가장 주목받는 복합시설을 개발해 온 '모리빌딩'에서 2023년 10월, 새로운 미래형 도시공간인 '아자부다이 힐즈'를 완성했다. 각종 상업시설과 함께 학교, 병원을 포함한 주거공간까지 도시의 모든 기능을 구현한 공간에는, 도쿄의 최고층 빌딩인 '모리JP타워'를 포함하여 최고급 명품 숍과 일본 각지의 유명한 가게들이 들어섰다.

더 이상 개발할 공간이 없을 것 같던 도쿄 중심지에 35년에 걸쳐 완성한 거대한 프로젝트가 모습을 드러낸 만큼, 아자부다이 힐즈의 오픈은 엄청난 화제를 몰았다. 처음 방문했을 당시엔 오픈 직후라 아직 모든 가게가 입점하기 전이었고 사람도 비교적 적어 찬찬히 주변을 살펴볼 수 있었는데, 몇 개월 후 아자부다이 힐즈는 도쿄의 메인 관광 스폿이 되어버려 여유로운 분위기를 즐기기 힘들어졌다. 그럼에도 불구하고 지금까지 접하기 어려웠던 유명 브랜드숍이나 식음료 매장이 가득 입점해 도쿄 여행에서 이곳을 제외하기는 쉽지 않다.

도쿄 내에서도 가장 비싼 입지의 복합공간인 만큼 소규모의 스페셜티 커피숍이 입점하기에는 어려운 상권이라, 이곳에서 어떤 커피를 마실 수 있을지 궁금했다. 그 주인공은 〈%아라비카%ARABICA〉와 〈오가와 커피OGAWA COFFEE〉였다. 전 세계로 매장을 확대하며 유명세를 떨치면서도 유독 도쿄에는 지점을 내지 않았던 〈%아라비카〉는 아자부다이 힐즈에 두 개 지점을 동시 오픈하며 도쿄 진출을 선언했다. 오랜 전통을 가진 〈오가와 커피〉는 기존과는 또 다른 콘셉트의 매장을 아자부다이 힐즈 마켓에 오픈하여 맛있는 커피를 제공하고 있다.

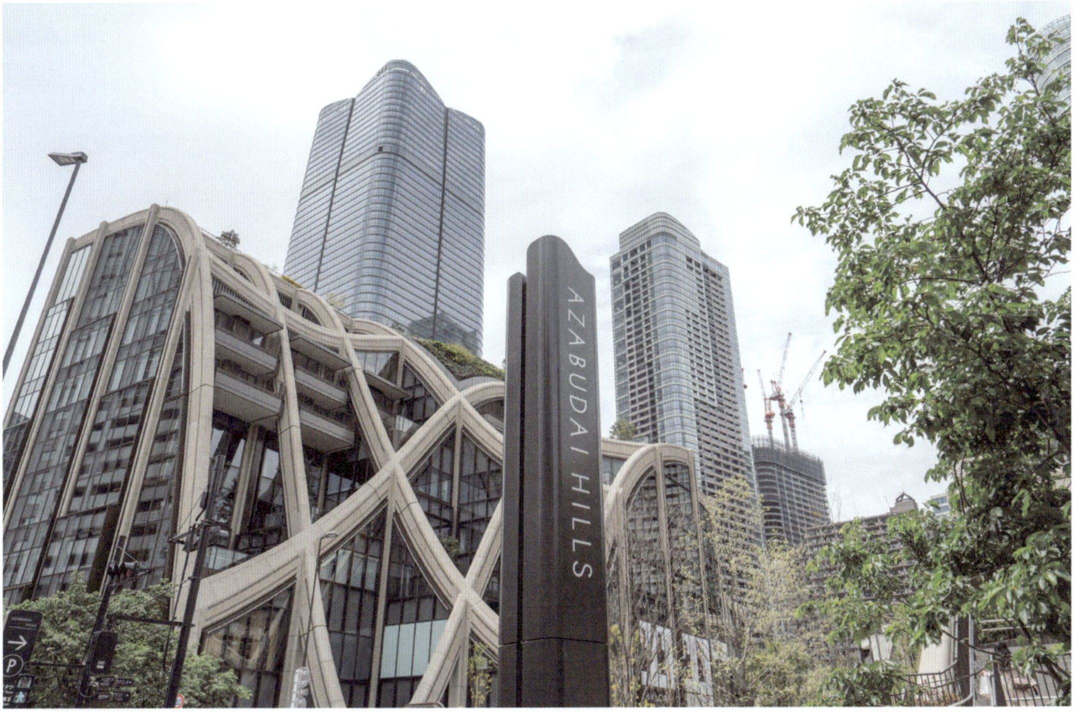
AZABUDAI HILLS

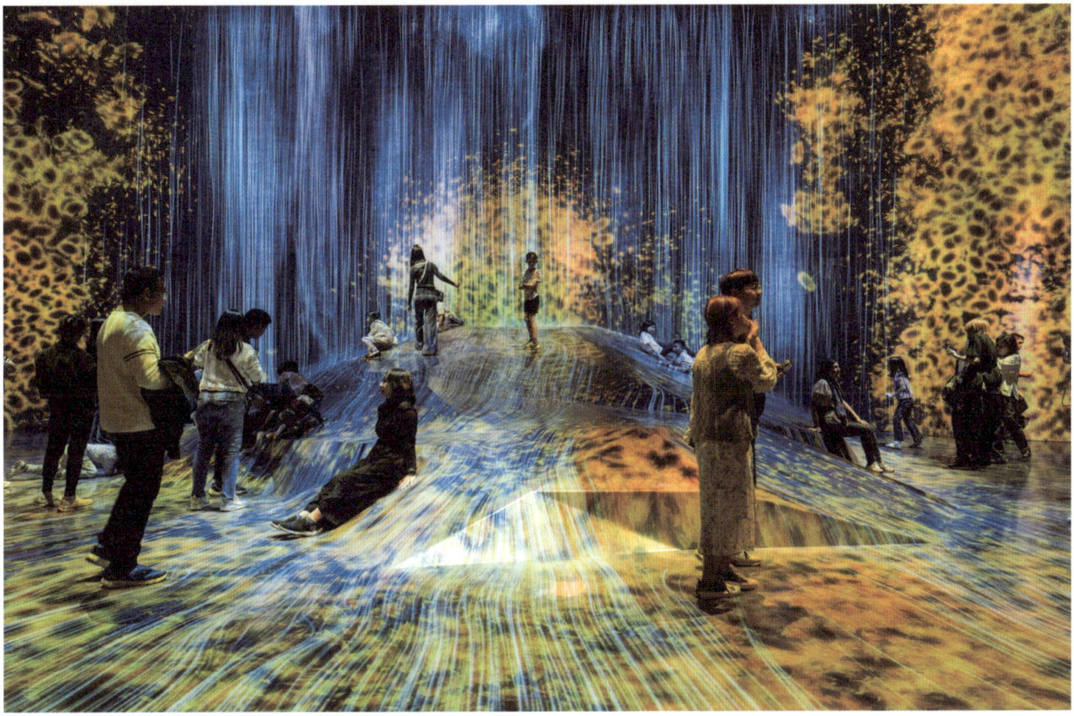

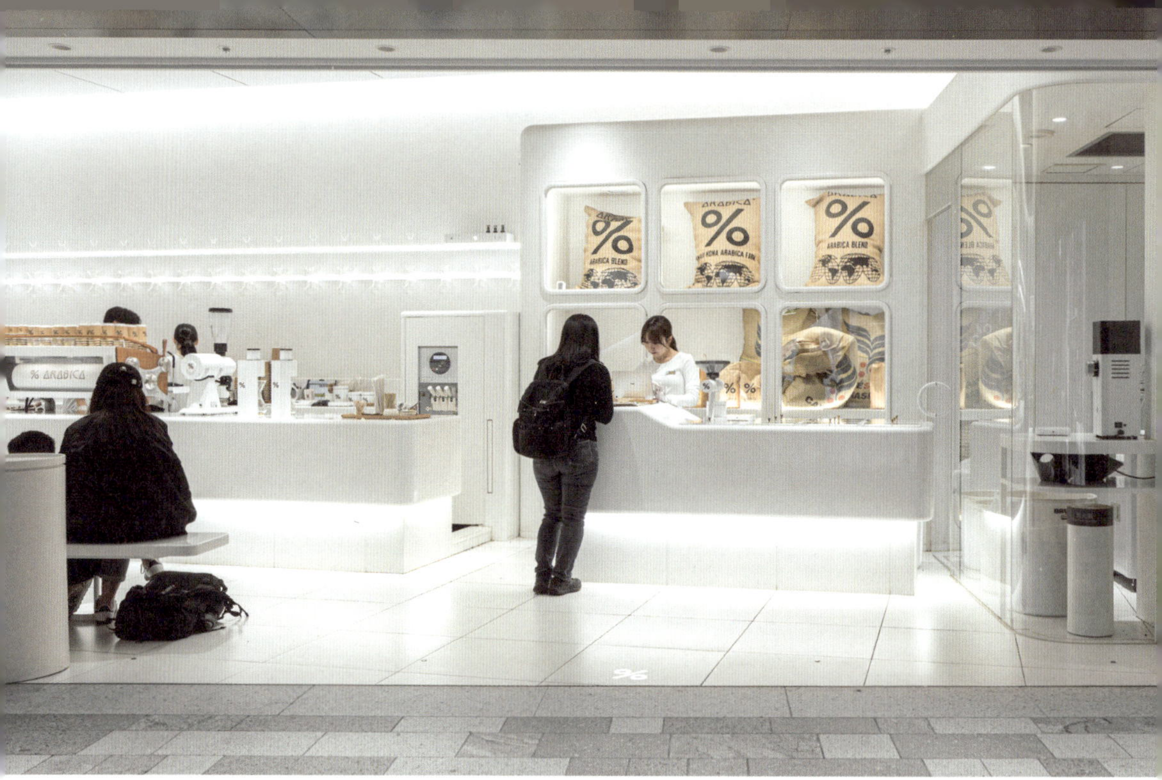
% ARABICA
ARABICA BLEND

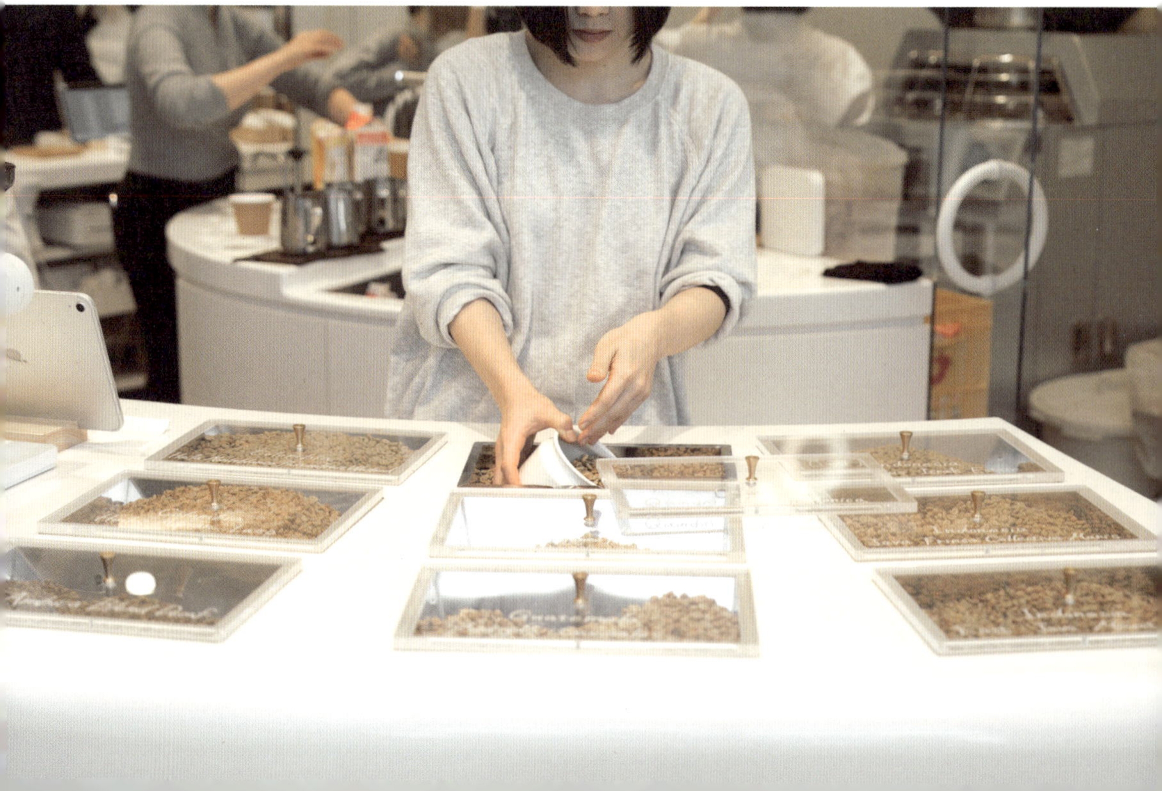

%ARABICA

2024년 서울에도 지점을 열어 화제가 된 〈%아라비카〉는 교토에서 시작하여 전 세계 190여 개의 매장을 운영하는 글로벌 커피 브랜드다. '교토에서 세계로'라는 모토로 시작한 심플한 로고와 깔끔한 매장 콘셉트는 일본을 넘어 다양한 나라에 멋진 공간을 만들어 냈지만, 의외로 도쿄에는 한동안 진출하지 않았었다. 〈%아라비카〉의 설립자인 케네스 쇼지_Kenneth Shoji_ 씨의 말에 따르면, 오래전부터 모리 빌딩으로부터 롯폰기 힐즈, 오모테산도 힐즈 입점을 제안받았는데, 35년에 걸쳐 준비한 아자부다이 힐즈 프로젝트에 감명받아 드디어 입점을 결심하게 되었다고 한다.

〈%아라비카〉는 아자부다이 힐즈에 매장 두 개를 동시에 열었다. 가미야초역에서 바로 연결되는 가든플라자B의 지하 1층과 모리 JP타워의 저층부 식당가에서 각각 다른 분위기로 내점객들의 시선을 끌고 있다.

가든플라자B의 지점은 최초의 디지털 아트를 선보인 팀랩 보더리스_teamLab Borderless_의 아트뮤지엄과 함께 위치해 있다. 팀랩 보더리스의 아트 뮤지엄은 2018년 오다이바에 전시 공간을 오픈하여 호평받아 왔으며, 아자부다이 힐즈 개장과 함께 공간을 옮겨 전시를 재개했다. 예전 오다이바에서의 경험이 정말 인상 깊었던 터라 새로운 전시 공간을 방문하지 않을 수 없었다. 여행 전 온라인 예약을 마치고 조금 일찍 도착하여 바로 옆에 위치한 〈%

아라비카〉에 들렀다.

주문 공간과 커피 제조 공간 그리고 원하는 생두를 선택하면 그 자리에서 로스팅해 주는 로스팅 공간이 구획된 구조는 삼성동에 입점한 〈%아라비카〉 지점과 크게 다른 분위기는 아니었다. 하지만 홋카이도산 우유로 만든 카페 라떼는 한국의 라떼와는 다른 맛이기에 그 자체로 새로운 커피로 느껴졌다.

모리JP타워에 위치한 지점은 가든플라자B 지점과는 또 다른 느낌이었다. 원형 커피 바와 어느 정도의 좌석이 구비된 실내외 공간 덕분에 조금 더 오랫동안 머무르며 휴식할 수 있는 분위기였다. 계속해서 대기 손님이 늘어나고 커피를 주문하는 고객이 매장을 가득 채웠지만, 바의 바리스타들은 각자의 역할에 맞춰 분주하게 움직이면서도 친절함과 미소를 잃지 않았다.

%ARABICA Tokyo Azabudai Hills B1
%아라비카 도쿄 아자부다이힐즈 B1

미나토구 도라노몬 5-9-1 가든플라자B B1F /
가미야초역 또는 롯폰기잇초메역에서 아자부다이힐즈로 진입
매일 08:00~20:00
@arabica.tokyo
교토 라테 ¥550 / 소프트크림 ¥450

%ARABICA Tokyo Azabudai Hills 4F
%아라비카 도쿄 아자부다이힐즈 4F

미나토구 아자부다이 1-3-1 힐즈타워플라자 4F /
가미야초역 또는 롯폰기잇초메역에서 아자부다이힐즈로 진입
매일 11:00~20:00
@arabica.tokyo
교토 라테 ¥550 / 소프트크림 ¥450

OGAWA COFFEE LABORATORY Azabudai

아자부다이 힐즈의 지층을 가로지르는 아자부다이 힐즈 마켓은 일본 내 가장 유명한 매장들을 모아 놓은 곳이라고 해도 과언이 아니다. 일본 각지에서 큰 인기를 얻고 있는 가게를 엄선하여 소개하는 이 공간에 입점한 커피숍은 교토를 기반으로 오랜 기간 커피를 알려온 〈오가와 커피〉다.

교토에서 1952년에 창업한, 커피숍으로서 꽤 오랜 역사를 지닌 〈오가와 커피〉는 코로나 기간 도쿄에 점포 두 곳을 내면서 새로운 변화를 꾀했다. 현대적이고 트렌디한 디자인으로 주목받는 세키 유스케(関祐介) 씨가 설계한 공간은 〈오가와 커피 래버러토리 OGAWA COFFEE LABORATORY〉라는 이름으로 더욱 전문화된 스페셜티 커피를 제공하고 있다.

아자부다이 힐즈에 오픈한 〈오가와 커피〉 도쿄 3호점은 앞선 도쿄의 두 지점과는 다른 콘셉트의 매장이다. 아자부다이 힐즈 마켓 초입의 한쪽 코너를 자그맣게 차지하고 있는 매장은 본격적으로 커피를 마시는 공간이라기보다 원두를 판매하는 쇼룸에 가깝다.

손님과의 밀접한 커뮤니케이션을 통해 원두 취향을 함께 알아가고 다양한 싱글 오리진을 조합하여 추천해 줌으로써 자신만의 블렌드를 만들어갈 수 있도록 도와준다. 또한 이곳에서는 생두를 선택하고 취향을 상담하면 그에 맞춰 매장 안쪽의 이카와 로스터기로 커피를 바로 볶아 제공한다. 음료는 한 종류의 배치브루 커피를 테이크아웃으로만 판매한다.

이곳을 방문했을 때는 마침 우에노의 마츠자카야 백화점에서 진행된 커피&디저트 페어링 이벤트를 다녀온 후였다. 도쿄에서 다소 거리가 있어 평소 가기 어려웠던 가스야 테츠 씨의 〈필로코페아 커피〉, 하타케야마 다이키(畠山大輝) 씨의 〈비스포크 커피 *Bespoke Coffee*〉 등이 모두 출점해서 이른 아침부터 커피를 잔뜩 마시고 원두를 한가득 사든 채 매장을 찾았다.

바리스타들은 매장의 새로운 콘셉트와 운영방식을 설명해 주다 말고 갑자기 내가 들고 온 원두 봉지에 관심을 보이기 시작했다. 명성이 자자한 로스터들의 원두를 하나하나 소개할 때마다 너무나 즐겁게 호응해 주어서 꽤 오랜 시간 선 채로 대화를 나누었다. 앉을 자리도 없는 통로 한편의 테이크아웃 매장에서 편안한 시간을 만들어준 점원들 덕분에 낯설고 정신없던 공간이 조금은 따뜻해졌다.

OGAWA COFFEE LABORATORY Azaubudai
오가와 커피 래버러토리 아자부다이점

미나토구 아자부다이 1-2-4 힐즈가든플라자C B1F /
가미야초역 또는 롯폰기잇초메역에서 아자부다이힐즈로 진입
주중 08:00~20:00 / 주말 10:00~20:00

@ogawacoffee_laboratory

교토블렌드커피(테이크아웃) ¥780 / 원두(100g) ¥700~

⑨ **GLITCH Ginza**
긴자 거리의 새로운 핫스팟

도쿄의 스페셜티 커피를 찾는 해외 여행객들에게 늘 방문 1순위인 〈글리치〉도 팬데믹 기간 여러 변화를 거쳤다. 캡슐 호텔인 '9h' 아카사카 지점의 로비를 사용하던 도쿄 2호점이 문을 닫고, 나고야와 오사카에 새 지점이 문을 열었다. 다시금 여행이 자유로워진 2023년 4월에는 긴자에 도쿄 2호점이 문을 열었다. 신규 오픈을 한 지 얼마 지나지 않은 시점에 도쿄를 방문할 기회가 생겨 이른 아침 긴자점을 찾았다.

유명한 전통 공연예술 극장인 가부키자(歌舞伎座) 바로 뒤편에 위치한 〈글리치〉 긴자점은 백화점과 쇼핑몰이 즐비한 메인 거리에서는 조금 떨어져 있어, 주변이 생각보다 많이 북적거리지 않았다. 이날은 일찍 매장을 찾아 기다린 덕분에 첫 손님으로 입장하는 기분 좋은 경험을 했다. 당시 준비된 커피는 무려 열여섯 종류. 고가의 게이샤를 포함하여 다양한 가공을 거친 커피들을 각각 'Competition(컴페티션)', 'Hard to Find(하드 투 파인드)', 'Innovation(이노베이션)', 'Traditional(트래디셔널)'로 분류하여 소개하고 있었다. 어떤 커피를 마실지 고민하고 있으니 직원은 두 종류의 커피를 할인가에 마셔볼 수 있는 메뉴를 제안했다. 선택한 커피는 콜롬비아 시드라 내추럴과 에티오피아 74158 내추럴로, 보통 〈글리치〉에서 고르게 되는 최고급의 화려한 커피는 아니지만 어떤 커피에서도 〈글리치〉만의 색을 낼 수 있다는 자신감이 느껴지는 커피였다.

커피를 주문하고 자리에 앉으니 제법 여유로운 공간이라고 생각했던 것이 무색하게 끊임없이 찾아오는 손님들로 금세 대기 줄이 만들어졌다. 근처에 머무는 여행객들은 매일같이 찾아오는지 자연스럽게 인사를 나누고 커피를 주문했다. 밀려드는 손님들에 아랑곳하지 않고 한 명 한 명 친절하게 응대하며 커피를 소개하는 모습 역시나 〈글리치〉다웠다. 이후 이곳을 다시 찾으려고 할 때마다 어마어마한 인파에 발걸음을 돌릴 수밖에 없었는데, 전 세계의 커피 애호가들이 찾아오는 브랜드인 만큼, 긴자에 새로운 지점을 낸 것은 정말 탁월한 선택이라는 생각이 들었다.

GLITCH Ginza 글리치 긴자점

주오구 긴자4-14-8 / 히가시긴자역에서 도보 1분
매일 09:00~18:00
@glitch_ginza
드립 커피 ¥800~

PASSAGE COFFEE
Nihombashi

호텔 로비에서 즐기는 에어로프레스 커피

〈패시지 커피〉는 2014년 월드에어로프레스챔피언십 World Aero-Press Championship 우승자 사사키 슈이치(佐々木修一) 씨가 〈폴 바셋〉을 나와 2017년 다마치에 오픈한 커피숍이다. 이후 2019년에는 세타가야구에 로스터리인 2호점, 2022년에는 이치가야와 니혼바시에 각각 3, 4호점을 오픈했다.

〈패시지 커피〉 니혼바시점은 닌교초역에서 가까운 '미마루 수이츠 MIMARU SUITES' 호텔 내에 있다. 호텔 건물 2층으로 올라가면 로비 옆 라운지 공간을 사용하는 〈패시지 커피〉를 만날 수 있다. 대로변에 위치한 다마치의 매장은 출근길 손님들로 북적이는 떠들썩한 분위기지만, 이곳은 호텔에 자리한 만큼 훨씬 차분한 분위기다.

팬데믹 이후 너무나 오랜만에 방문한 〈패시지 커피〉라 이곳의 시그니처인 에어로프레스 추출을 부탁했다. 여러 싱글 오리진 중 예전에도 몇 번 마셔 보았던 콜롬비아 리베라 게이샤를 선택했다. 시간이 지나도 맛이 아주 천천히 변하는 클래식한 게이샤는 오래전 도쿄에서 마셨던 커피에 대한 그리움을 다시 불러왔다.

커피를 내려준 바리스타가 커피가 맛있냐며 말을 건넸다. 아마도 코로나 전 다마치점에서 한 번은 만났을 후지야마 유우키 씨 또한 〈폴 바셋〉 출신으로, 꽤 오래전 〈패시지 커피〉에 합류하여 지금까지 일하고 있다고 했다. 그사이에 변한 도쿄의 스페셜티 커피 트렌드에 대한 이야기를 나누다 보니, 후지야마 씨는 추천해 줄 곳이 있다며 〈폴 바셋〉에서 함께 일했던 동료가 오픈한 커피숍 〈스왐프〉를 알려 주었다. 도쿄에 올 때면 방문 목록을 어느 정도 정리해 두는 편이지만, 이렇게 현지에서 추천받아 즉흥적으로 들르는 커피숍은 늘 기대 이상의 만족감을 안겨 준다. 기분 좋게 인사를 나누고 커피숍을 나오며 다시 본격적인 도쿄 커피 여행이 시작되었음을 실감했다.

PASSAGE COFFEE Nihombashi 패시지 커피 니혼바시점
주오구 니혼바시호리도메초 2-10-9 MIMARU SUITES 2층 /
닌교초역에서 도보 2분
매일 07:30~17:00
@passage_nihombashi
필터 커피(에어로프레스) ¥770~

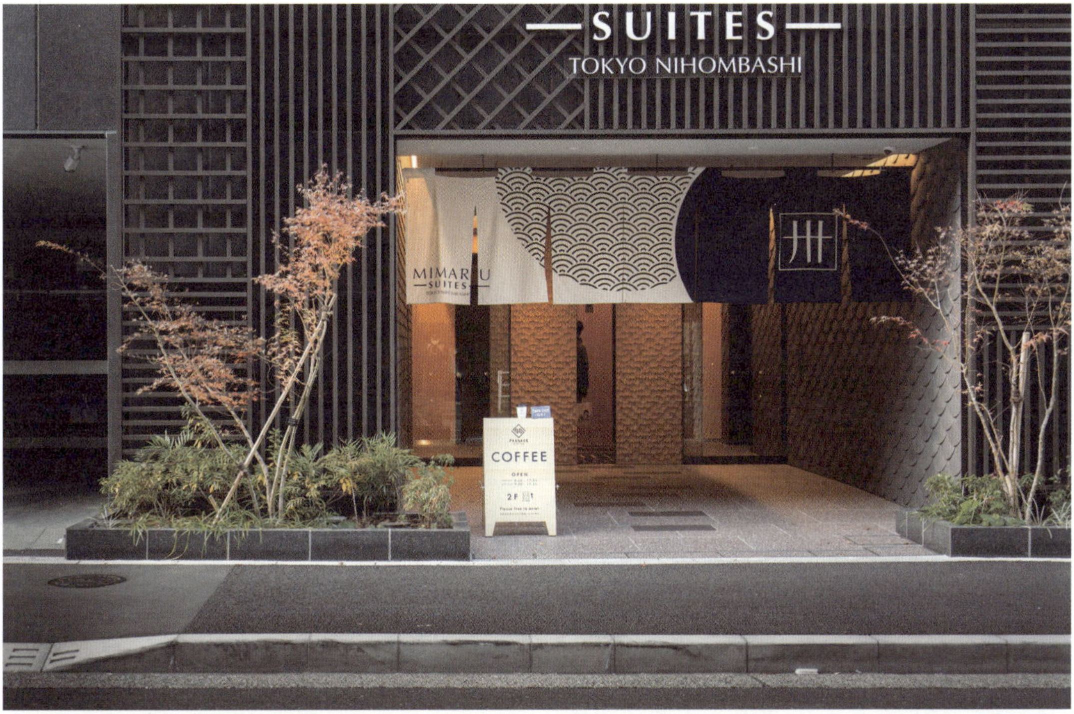
SUITES
TOKYO NIHOMBASHI
MIMARU
SUITES
COFFEE
OPEN
2F

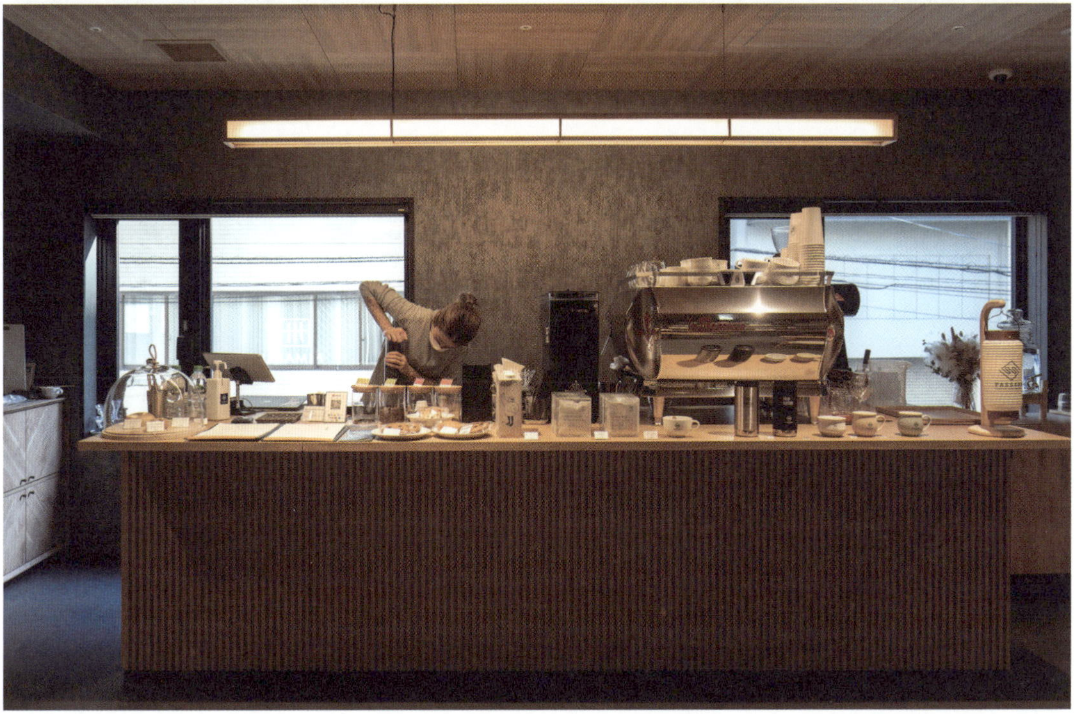

(11)

Single O Hamacho
브루잉 탭으로 즐기는 시드니 커피

〈싱글 오 재팬Single O Japan〉은 호주 시드니에서 시작된 〈싱글 오Single O〉의 도쿄 지점이다. 오너인 야마모토 유(山本酉) 씨가 장기간 시드니에서 일하고 돌아와 매장을 열었으며, 초창기부터 일본에서 직접 로스팅하며 도쿄의 대표 로스터리로 자리 잡았다. 일본의 유일한 지점이었던 료고쿠의 로스터리는 주말에만 테이스팅 바 형태로 매장을 오픈해 늘 시간을 맞추기가 어려웠는데, 2021년 10월 하마초에 카페 형태의 매장이 새롭게 문을 열었다.

행정구역상 하마초이지만, 기요스미시라가와역에서 내려 스미다강을 건너와도 될 만큼 강에 인접한 이곳에 사람들이 어떻게 찾아올까 싶었다. 그러나 이른 아침부터 회사원이나 동네 주민이 계속해서 방문하는 모습을 보니 나름 이곳을 선택한 이유가 있는 듯했다. 오픈 시간보다 조금 일찍 도착해 도로 건너편에서 문을 열기를 기다리고 있으니, 곧 전면의 폴딩 도어가 젖혀지며 매장 내부가 드러났다. 매장 전면으로 보이는 바에는 배치브루로 미리 추출해 둔 커피들이 종류별로 진열되고 브루잉 탭이 설치돼 있었다. 브루잉 탭은 400엔만 지불하면 크래프트 맥주 가게처럼 컵에 원하는 커피를 직접 받아 곧바로 마실 수 있는 시스템으로, 다양한 블렌드와 싱글 오리진 커피를 취향대로 즐길 수 있다. 원두를 구매할 때도 시음 커피를 제공하는 등 여러 용도로 활용되는 이 브루잉 탭은 호주 시드니의 〈싱글 오〉 매장에서도 똑같이 활용한다.

드립 커피를 대량으로 미리 추출하고 빠르게 한 잔씩 따라 주는 배치브루 커피는 바로 내린 커피가 아니라는 이미지 때문에 한국에서는 그다지 선호되지 않는 메뉴. 하지만 에스프레소 머신으로 빠르게 추출할 수 있는 아메리카노보다 핸드드립 커피를 주로 마시는 일본인들은 출근 시간에 빠르게 받을 수 있어 배치브루 커피를 찾는 경우가 많다. 이런 문화적 배경 속에서 브루잉 탭은 손님들에게는 재미있는 경험이자 바리스타에겐 품을 줄여 주는 상당히 기발한 아이디어로 여겨졌다.

브루잉 탭을 시도해 보고 싶었지만, 기간 한정으로 판매하는 코스타리카 코르디예라 데 푸에고는 배치브루로 준비되어 있지 않아 추가금을 내고 핸드드립으로 주문했다. 살짝 로스팅 포인트가 강하지만 단맛을 중심으로 캐릭터를 잘 살린 〈싱글 오〉의 커피는 언제 마셔도 감탄이 나온다. 꽤 오랜 시간 커피를 음미하며 다양한 손님이 오가는 모습을 지켜보았다. 출근 전 여유롭게 커

THERMIC
CORDILLERA
DE FUEGO
コスタリカ

RESER-
VOIR
JAB-
IRU
グアテマラ
GÓM-
EZ
ホンジュラス
GATOM-
BOYA
ケニア
COLD!
RESER-
VOIR
BOX OF
BEANS &
DREAMS

피를 즐기는 회사원부터 가볍게 브루잉 탭으로 테이크아웃을 하는 손님들까지, 이미 이 동네에 없어서는 안 될 커피숍으로 자리 잡은 듯했다.

Single O Hamacho 싱글 오 하마초점

주오구 니혼바시하마초 3-16-7 / 닌교초역에서 도보 12분
주중 07:30~19:00 | 주말 08:00~19:00
@single_ojapan
배치브루(탭커피) ¥400~ / 오지 재플(호주식 샌드위치) ¥500

PART 2

도쿄 동부
東部東京

Eastern Tokyo

도쿄 동쪽으로 스미다강을 건너면 에도 시대부터 물류 거점이었던 기요스미시라카와(清澄白川)가 나온다. 〈블루보틀〉이 로스터리를 차리며 일본 진출의 초석으로 삼은 곳이기도 한데, 최근에는 〈커피 마메야KOFFEE MAMEYA〉가 새로운 스타일의 공간을 오픈하며 국내외 커피 애호가들의 필수 코스가 되었다.
〈리브스 커피Leaves Coffee〉를 지나 다시 스미다강을 건너 도쿄 북동쪽으로 올라가면, 에도 시대의 풍경이 남아 있는 아사쿠사(浅草), 그리고 다양한 맛집과 카페가 들어선 구라마에(蔵前)에서 도쿄의 새로운 모습을 발견할 수 있다.
야나카(谷中), 네즈(根津), 센다기(千駄木) 구역, 이른바 야네센은 일본의 옛 거리가 많이 남아 있어 관광객뿐만 아니라 일본인들의 주말 나들이 장소로 떠오르고 있다.
여행 스폿이나 맛집이 넓게 포진해 동선을 짜기 쉽지 않지만, 도시적인 풍경을 벗어나 일본 특유의 분위기를 조금 더 느끼며 여유롭게 커피 한 잔을 즐기고자 한다면, 이 주변을 여행 계획에 포함해 보는 것도 좋을 것이다.

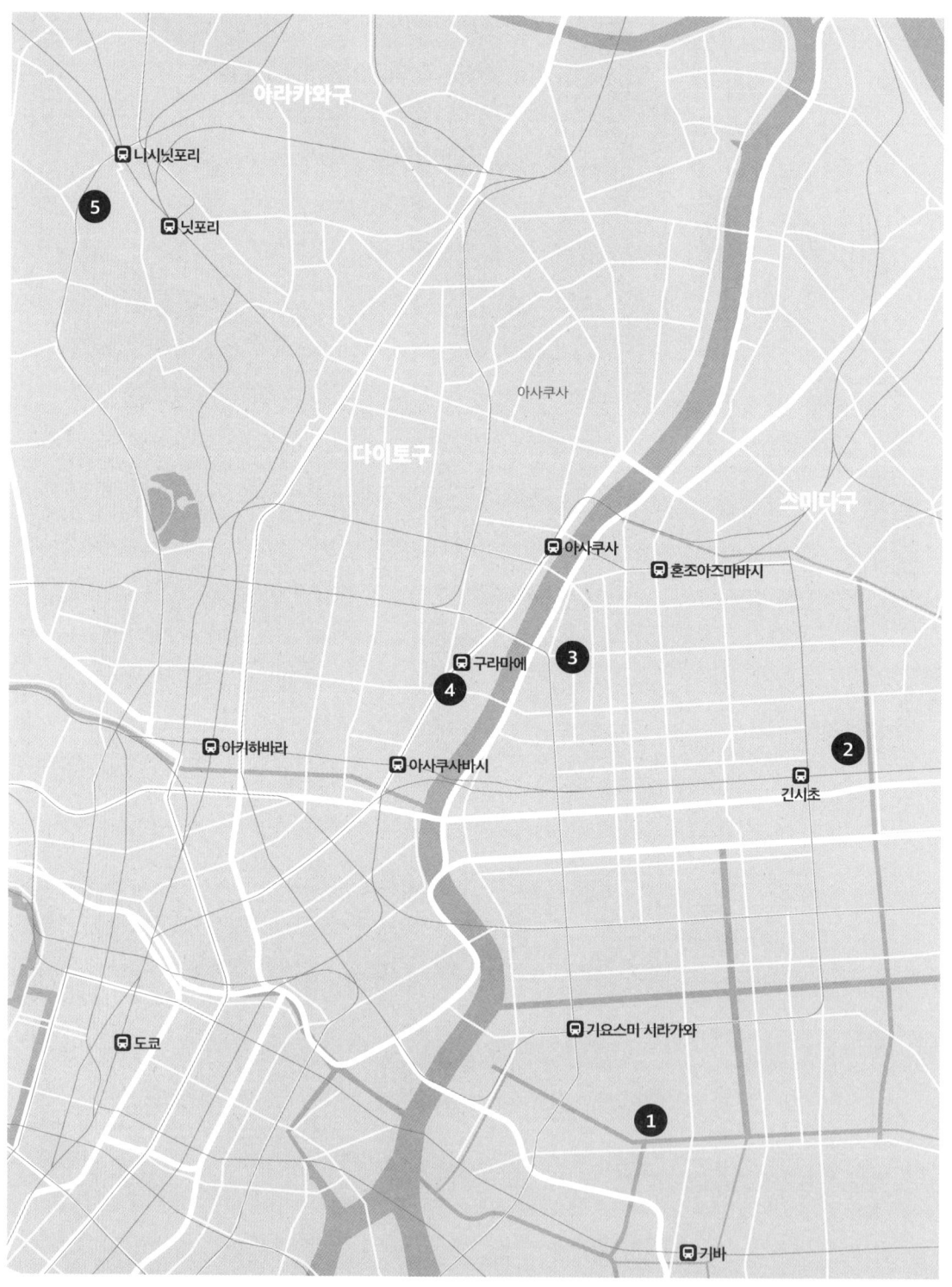

Eastern Tokyo

1. KOFFEE MAMEYA Kakeru
2. COFFEE ELEMENTARY SCHOOL
3. LEAVES COFFEE ROASTERS
4. Lonich
5. ignis

①

KOFFEE MAMEYA Kakeru

커피 마메야가 제공하는 비일상의 커피 체험

코로나가 유행하기 직전 마지막으로 도쿄를 방문했을 당시 오모테산도의 〈커피 마메야〉를 찾았다. 마침 오너인 구니토모 에이치(国友栄一) 씨가 있어 반갑게 인사를 하니, 다음 방문 때는 기요스미시라카와에 준비 중인 새 지점에 들를 수 있을 것이라는 소식을 들려주었다. 하지만 코로나로 도쿄 하늘길이 막혔고, 〈커피 마메야〉의 새 지점은 3년이 지나서야 방문할 수 있었다.

에도 시대부터 물류 거점으로 기능했던 기요스미시라카와는 2015년 〈블루보틀〉이 들어서면서 스페셜티 커피 애호가들의 필수코스가 되었다. 조금 더 넓고 차분한 성수동 같은 느낌의 동네에는 창고를 개조한 로스터리나 개성 넘치는 커피숍들이 곳곳에 숨어 있다. 가장 가까운 역인 기요스미시라카와역에서 도보로 10분 넘게 걸어야 나오는 〈커피 마메야 가케루 *KOFFEE MAMEYA kakeru*〉는, 오모테산도 한복판에 있는 〈커피 마메야〉를 생각하면 다소 의외의 장소에 위치해 있다. 방문 전 예약이 필수라 홈페이지에서 예약하고 오전 첫 시간에 맞춰 가게를 찾았다. 10분 정도 일찍 도착해 밖에서 서성이고 있으니 점원이 바로 뛰어나와 입장하게 해 주었다.

〈커피 마메야〉의 상징과 같은 원두주머니가 진열된 선반이 전면을 채우고 있고, 이 벽을 지나 안으로 들어가니 비로소 온전한 공간이 나타났다. 〈커피 마메야〉의 실질적인 살림꾼이자 각종 대회 코치로 활동하는 미키 다카마사(三木隆真) 씨가 얼굴을 알아보고는 정말 오랜만이라며 반갑게 맞아 주었다. 디귿 자로 이루어진 바 테이블에 앉으니 전담 바리스타가 인사를 건네며 메뉴를 보여 주었다. 오모테산도 지점과 동일하게 세계 각지 로스터리의 커피를 잔으로 주문할 수도 있지만, 이곳에는 주기적으로 바뀌는 특별한 코스 메뉴가 있다. 첫 방문 때에는 마침 이시타니 씨가 일본바리스타챔피언십에서 우승한 직후라, 대회 때 사용한 코스를 그대로 재현한 컴페티션 코스가 준비되어 있었다. 월드바리스타챔피언십에서 사용한 핀카 하트만 랏 48 게이샤로 콜드브루, 밀크브루, 그리고 대회 시연에서 제공하는 에스프레소와 라떼, 시그니처 음료까지 총 다섯 잔을 맛볼 수 있는 코스였다. 이 대회에서 이시타니 씨를 코치한 미키 씨가 유게니오이데스 품종 커피 1g을 블렌딩하는 과정까지 동일하게 재현하면서 추출하는 모습을 볼 수 있어 정말 특별한 경험이었다.

매장명에 붙은 부제 '가케루(かける)'는 '곱하다'라는 뜻으로, 컬래

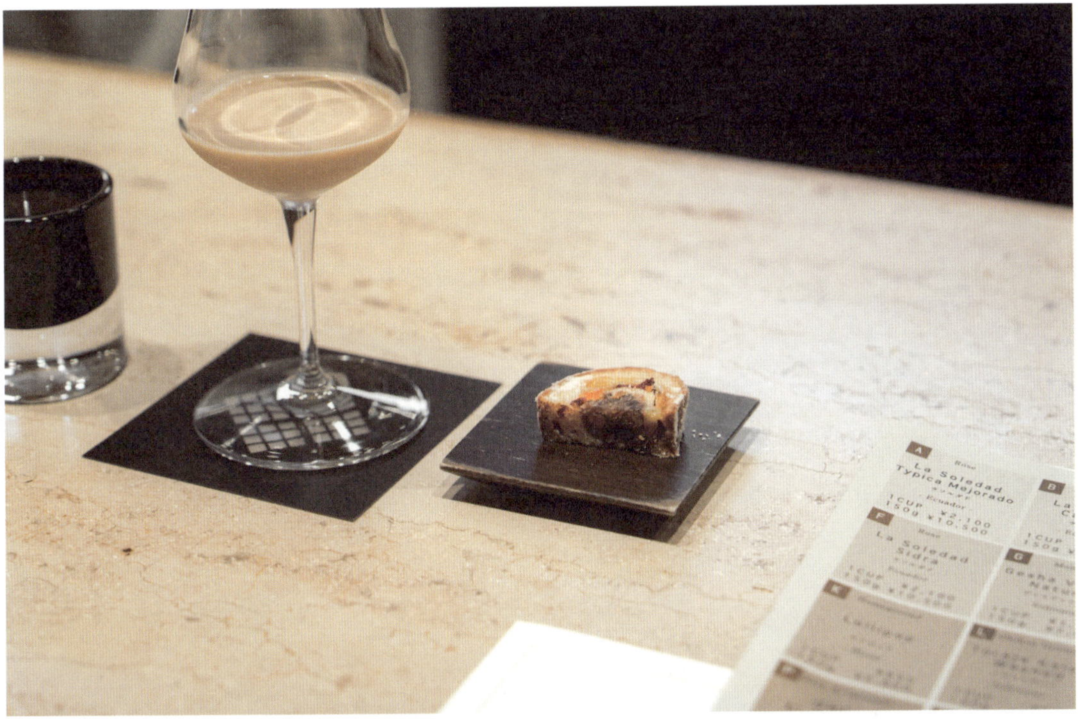

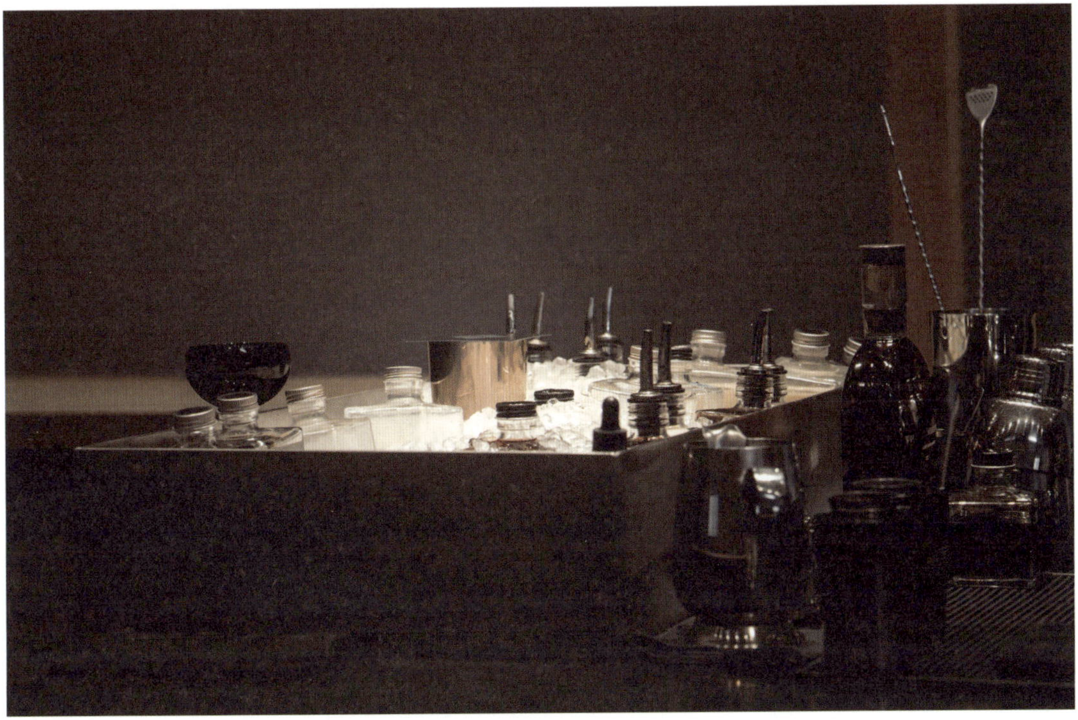

버레이션의 의미로 사용되었다고 한다. 이 공간에서는 커피뿐만 아니라 칵테일이나 차, 심지어는 스시에 이르기까지 다양한 방식의 컬래버레이션을 통해 어디서도 접할 수 없는 고급스러운 커피 경험을 제공한다. 이후 여러 차례 지인들과 이곳을 찾았는데, 많은 사람이 도쿄에서 가장 만족스러웠던 커피숍으로 꼽을 만큼 섬세하고 세련된 방식으로 서비스를 제공한다. 도쿄에서 미슐랭 레스토랑을 찾아가는 사람들이 만족할 만한 커피숍을 만들려고 했다는 미키 씨의 말처럼, 스페셜티 커피를 즐기기 위해 도쿄에 간다면 반드시 들러 보아야 할 곳이다.

KOFFEE MAMEYA -Kakeru- 커피 마메야 가케루

고토구 히라노 2-16-14 / 기요스미시라카와역에서 도보 13분
매일 11:00~19:00 (예약 필요)
@koffee_mameya_kakeru
커피 마메야 코스 ¥3,000(변동) / 커피 칵테일 코스 ¥4,500

②

COFFEE ELEMENTARY SCHOOL
커피를 마시러 학교에 갑니다

〈사립커피소학교 COFFEE ELEMENTARY SCHOOL〉는 초등학교 교사 출신의 요시다 와타루(吉田恒) 씨가 교직을 그만두고 차린 커피숍이다. 2017년 특이한 이력과 재미있는 가게 이름으로 호기심을 안고 찾아간 다이칸야마의 작지만 정갈한 공간에서, 깔끔한 맛의 커피에 기분 좋은 오후를 보냈던 기억이 아직도 강하게 남아 있다. 〈사립커피소학교〉는 이후 여러 변화를 겪고 다이칸야마에서 긴시쵸로 매장을 이전하여 2022년 다시 문을 열었다.

〈사립커피소학교〉의 SNS를 보다 보면 '정말로 커피학교가 아닌가' 하는 생각이 들 정도로 재미있는 표현이 많다. 매장을 오픈하는 것은 '개교', 매장을 찾아가는 것은 '등교', 매장은 '교사(校舎)'로 칭한다. 오랜만에 새로운 공간을 다시 찾는 길은 마치 입학식 날 설레는 마음을 안고 등교하는 기분과 같았다.

긴시초는 스미다강의 동쪽, 스미다구에 위치한 동네로 도쿄 동부에서 손꼽히는 번화가 중 하나다. 역을 나오면 거대한 쇼핑몰들과 함께 큰 운동장과 여러 공원이 있어 살기에 매우 편한 동네라는 생각이 든다. 밤에는 시끌벅적한 번화가로 변할 것 같은 상점 거리를 따라가다 보면 〈사립커피소학교〉가 나온다. 매장 앞에 도착하니 요시다 씨가 몸소 마중을 나와 인사를 건네고 자리를 안내해 주었다. 다양한 베이커리와 구움과자도 판매하고 있어 초코 스콘을 커피와 같이 주문했다. 아담한 커피잔에 나온 커피도 산뜻하고 깔끔한 느낌의 좋은 커피였지만, 함께 나온 '단델리온Dandelion'의 빈투바 초콜릿을 사용한 스콘은 '인생 스콘'이라고 칭할 정도로 인상적이었다.

조용히 감탄사를 연발하며 커피와 디저트를 즐기고 있는데, 저 멀리 가게를 향해 걸어오는 나이 지긋한 어르신을 보고 요시다 씨가 황급히 뛰어나가는 모습이 보였다. 그는 앞을 거의 보지 못하는 듯한 어르신을 부축해 자리에 앉혀 드리고 옆에 앉아 점원분과 번갈아 안부를 물었다. 그리고는 얼마 뒤 추출을 마친 커피 한 잔을 어르신의 손에 꼭 쥐여 주고는 한참이나 이야기를 나누었다. 혼자서 이곳을 찾아오는 것조차 어려울 듯한 어르신이 다른 사람들과 똑같이 커피 한 잔을 즐기러 올 수 있다는 것은 그 자체로 얼마나 행복한 일일까. 새삼 이 자그마한 학교에서 진정한 선생님을 만난 것 같았다.

COFFEE ELEMENTARY SCHOOL 사립커피소학교

스미다구 긴시 4-9-9 / 긴시초역에서 도보 8분
월 08:00~15:00 (테이크아웃) | 화-금 08:00~18:00 |
토, 일, 공휴일 08:00~17:00
카페 라떼 ¥520 / 파운드케익 ¥452
@coffeeelementaryschool

③ LEAVES COFFEE ROASTERS

새롭게 떠오른 도쿄 스페셜티 커피의 강자

구라마에의 작은 커피 스탠드 〈리브스 커피 아파트먼트 LEAVES COFFEE APARTMENT〉에 이어, 2019년 로스터리를 오픈하면서 본격적으로 자신의 커피를 제공하게 된 〈리브스 커피〉는 최근 도쿄를 방문하는 커피 애호가들이 1순위로 찾는 곳이다. 로스팅을 시작한 지 얼마 안 되었을 때부터 심상치 않은 커피 맛에 이미 많은 사람의 입에 오르내렸는데, 코로나 시기를 겪고 한층 더 유명해졌다.

팬데믹이 끝나고 오랜만에 다시 이곳을 찾았을 때 방문이 설레었던 이유가 더 있다. 과거 도쿄의 커피숍을 한참 다니던 중, 〈닷컴 스페이스 dotcom space〉의 바 자리에서 옆자리에 앉은 한 일본인과 인사를 나누었다. 당시 〈딘앤델루카 DEAN&DELUCA〉에서 근무하던 이시구로 쇼 씨는 쉬는 날이면 도쿄 시내의 여러 스페셜티 커피숍을 찾아다닌다고 했는데, 이야기가 잘 통해서 꽤 오랜 시간

즐겁게 대화를 나눈 기억이 있다.

이시구로 씨는 그 뒤로 〈리브스 커피〉에 입사했고, 2022년 일본 브루어스컵 첫 출전에 6위를 차지했다. 코로나 기간 중 리브스 커피로 이직한 사실과 대회 결과를 함께 듣게 되어, 다시 인사를 나누게 될 날만을 손꼽아 기다렸다. 이제 그를 만날 수 있다는 생각으로 〈리브스 커피 로스터스 LEAVES COFFEE ROASTERS〉 방문이 몹시도 설레었다.

구라마에역과 료고쿠역의 가운데 지점 조용한 상점가 골목에 자리 잡은 로스터리는 구라마역에서 나와 스미다강을 건너 5분 정도 더 걸어가면 만날 수 있다. 코너를 돌자 나타난 창고형 공간은 몇 년 전과 크게 다르지 않은 느낌이었지만, 기존에 사용하던 프로밧 Probat의 빈티지 모델인 UG15에 기센 Giesen 로스터기가 추가되었고, 이전보다 훨씬 많은 손님이 공간을 채우고 있었다.

〈리브스 커피 로스터스〉의 바에 선 이시구로 씨는 공간과 정말 잘 어울렸다. 절제된 동작으로 이루어지는 추출 루틴은 바라보는 것만으로도 감탄이 절로 나왔다. 2023년 코리아브루어스컵 챔피언십 Korea Brewers Cup Championship, KBrC 챔피언 김동민 바리스타가 사용한 대만산 CT62 드리퍼를 사용했고, 서버에 드리퍼를 올려놓을 때는 수평계로 수평을 맞추고 분쇄된 원두를 침칠봉으로 고르게 정리한 후 추출을 시작했다. 아이스로 주문한 커피는 서버를 칠링볼에 넣고 온도계로 온도를 측정해 가며 적정 온도

ETHIOPIA
GISHA VILLAGE
OMA

가 될 때까지 커피를 식혔다.

방문할 때마다 달라지는 라인업 중에는 늘 다른 곳에서는 접하기 힘든 특별한 커피가 있다. 코로나 이후 처음 방문했을 당시엔 파나마 잰슨 X 프로젝트의 게이샤 커피를, 이후에는 탄자니아의 아카시아 힐스 게이샤 커피를 맛볼 수 있었다. 커피 한 잔에 쏟는 정성과 추출 과정의 섬세함을 지켜보면 다소 높은 가격에도 그만큼 만족하게 된다.

LEAVES COFFEE ROASTERS 리브스 커피 로스터즈

스미다구 혼조 1-8-8 / 구라마에역에서 도보 11분
금-월 10:00~17:00
@leaves_coffee_roasters
드립 커피 ¥800~ / Temperature Set(온도센서와 함께 제공되는 에스프레소 & 카페 라떼) ¥2,500

④ # Lonich
세련된 공간 속 새로운 커피 경험

'당신의 커피 경험을 디자인해 드립니다'라는 콘셉트로 2023년 4월 구라마에에 새롭게 문을 연 〈로닉Lonich〉은 첫 방문 전까지 전혀 정보가 없던 곳이었다. 도쿄에서 만나기로 한 일본인 친구가 재미있는 곳이 생겼다며 이곳을 알려 주어 함께 가보게 되었다. 온라인 예약이 가능하다는 정보를 확인하고 예약 사이트에 접속해 보니, 코스 메뉴를 즐기기 위해서는 예약이 필요했고 방문 시간과 바리스타를 선택하는 색다른 방식으로 운영되고 있었다.

예약 당일 구라마에역에서 나와 큰 사거리의 건너편 작은 골목으로 들어서니 헤맬 틈도 없이 바로 〈로닉〉의 세련된 공간이 나타났다. 매장은 두 구역으로 나뉘어 있었다. 입구 쪽에는 누구나 들어와 간단하게 커피를 즐길 수 있는 공간이, 그 안으로는 코스 예약 손님을 위한 바 테이블이 자리해 있었다.

내가 지정한 바리스타는 리드 바리스타인 하시모토 가이토(橋本海音) 씨였다. 상당히 젊어 보이는 하시모토 씨는 자신감 있는 태도로 우리를 맞아 주었다. 이야기해 보니 스페셜티 커피에 대한 경력은 그렇게 오래되지 않았지만 업계 동향에 관심이 많고 다양한 이야기를 풀어내는 능력이 있는 사람이었다.

코스는 총 세 가지 중 선택할 수 있었다. 비 오는 날에만 제공되는 한정 코스, 게이샤 품종의 커피만으로 제공되는 게이샤 콜렉티브 코스, 그리고 이곳의 주력 라인업인 중국 운남성의 커피를 중심으로 한 크리에이티브 코스가 있었다. 이날은 날씨가 맑아 고민의 여지 없이 나머지 두 개의 코스를 선택했다.

크리에이티브 코스는 10년 이상 숙성한 보이차에 이중 무산소 발효한 카티모르 개량종 커피를 가미한 웰컴 드링크로 시작했다. 이어서 가공 과정에 레몬과 베르가모트 향을 주입한 커피에 '와삼봉(和三盆)'이라는 유기농 설탕과 블랙커런트를 넣은 창작 음료가 제공되었다. 이 독특한 메뉴들은 트렌디한 커피와 창작적인 요소들이 조화를 이루어 입안을 계속해서 즐겁게 해 주었다.

게이샤 콜렉티브 코스 때는 고가의 게이샤 커피를 사용하여 커피 고유의 맛을 즐길 수 있는 음료가 제공되었다. 탄자니아의 개성 강한 테루아를 강조한 탄자니아 게이샤는 에스프레소로 추출하여 강한 산미와 인텐스를 그대로 느낄 수 있었고, 엘살바도르 게이샤는 단맛을 극대화한 커스텀 밀크를 사용해 오렌지 향 가

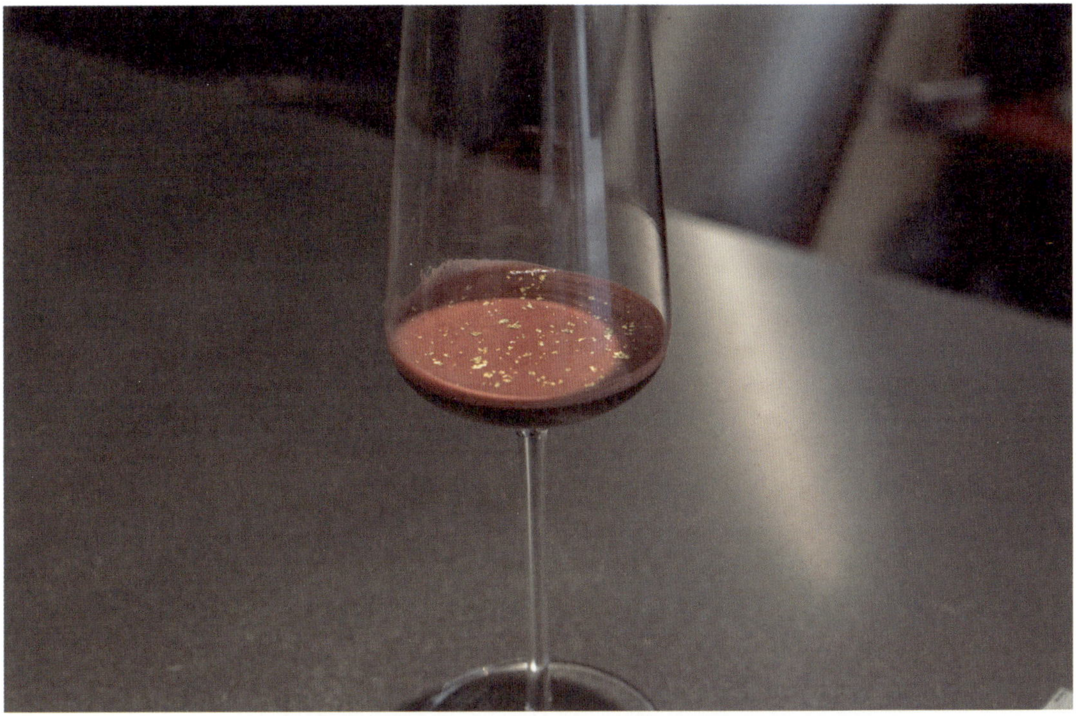

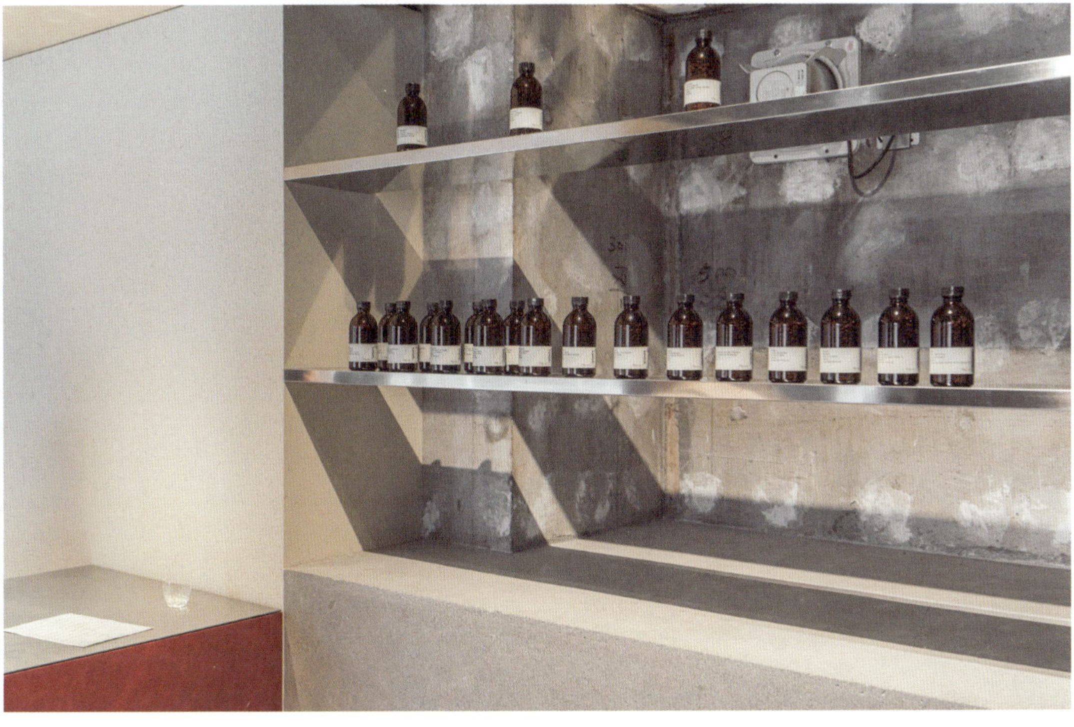

득한 화이트 커피로 제공되었다. 피날레로는 파나마 보케테 게이샤를 드립으로 내려 주었다.

다양한 창작 메뉴를 즐기다 보니 어느새 1시간 30분이 훌쩍 지나갔다. 단순히 다양한 커피를 즐기는 것뿐만 아니라 바리스타와 일대일로 소통하며 커피에 대한 이야기를 나눌 수 있어 너무나 즐거웠다. 커피 한 잔에 담는 호스피탈리티를 넘어서 이제는 한 사람 한 사람에 맞추어 세심하게 제공되는 서비스가 도쿄 스페셜티 커피의 새로운 흐름으로 자리 잡고 있음을 알 수 있었다.

Lonich 로닉
다이토구 구라마에 1-7-4 / 구라마에역에서 도보 3분
금-화 09:00~19:00
@lonich_jp
크리에이티브 커피 코스(예약 필요) ¥4,000 / 필터 커피 ¥900~

Ignis

(5) **ignis**
전 세계의 희소 커피를 한곳에서

팬데믹 이전 도쿄를 찾을 때마다 〈글리치〉에서 만났던 바리스타들이 몇 년 새 저마다의 꿈을 찾아 독립했다. 먼 과거 〈폴 바셋〉을 통해 개성 넘치는 스페셜티 커피숍들이 숱하게 생겨났듯이, 이제는 그다음 세대가 도쿄의 커피 씬을 넓혀가고 있다. 〈폴 바셋〉과 〈글리치〉를 거친 베테랑 바리스타 도바시 에이지(土橋永司) 씨도 코로나 기간 매장을 준비해 센다기에 〈이그니스*ignis*〉를 열었다.

도쿄의 북쪽, 번화가보다는 시타마치(下町)[1]에 가까운 센다기는 에도 시대부터 무가의 저택들이 펼쳐진 유서 깊은 동네다. 예스러운 동네의 풍경으로 인해 최근에는 젊은 사람도 많이 찾는다고 한다. 도쿄에서 조금 벗어난 분위기의 골목들을 지나 도착한

---

1 도시나 마을의 중심부에서 다소 벗어난 곳으로, 역사적인 사원이나 전통적인 상점가 등 예스러운 분위기가 많이 남아있는 장소를 의미함.

〈이그니스〉는 동네 분위기에 잘 녹아들면서도 깔끔한 외관으로 금세 눈에 띄었다. 공간의 규모는 그리 크지 않았지만 진열된 원두와 커피 도구가 상당히 고급스러운 분위기를 형성했다.

이곳은 전 세계의 희소 커피, 즉 이노베이션 커피를 제공한다는 모토로, 게샤빌리지와 나인티플러스, 핀카 데보라 등 세계 유수 농장들의 최고가 원두들을 진열해 놓고 있었다. 다양한 선택지에 선뜻 원두를 고르지 못하고 있으니, 도바시 씨가 더 많은 종류의 커피가 있다며 창고에서 수십 장의 커피카드를 가지고 나와 펼쳐 보였다. 고심 끝에 선택한 원두는 탄소침용$^{Carbonic\ Maceration}$ 가공[2]을 거친 케냐의 내추럴 커피. 커피 투어를 하며 여러 잔의 커피를 마시는 손님이 부담 없이 마실 수 있도록 상당히 낮은 온도인 80 ℃ 전후의 물로 추출했으나, 외의로 수율이 낮은 느낌 전혀 없이 딱 적당한 농도로 모든 맛을 느낄 수 있었다. 함께 주문한 '커피 아마자케'는 한국의 막걸리와 비슷한 알코올이 거의 없는 발효음료 아마자케에 운남성의 커피로 추출한 에스프레소를 분사해서 완성한 독특한 메뉴였다. 카페 라떼에 가까운 음료지만 더 걸쭉하고 달달한 맛이 어디서도 경험해 보지 못한 새로운 느낌이었다.

전체적인 가격대가 일반적으로 생각하는 커피 값을 한참 뛰어넘어 한 잔을 주문하는 것도 부담스럽긴 했지만, 확실하게 자신만

---

2 산소를 배제하고 이산화탄소 환경에서 커피 체리를 발효하는 방식.

의 특별한 영역을 구축한 곳이 도쿄에 하나쯤 있는 것도 꽤나 멋지지 않나 싶었다.

ignis 이그니스

분쿄구 센다기 3-44-11 / 센다기역에서 도보 5분
매일 11:00~18:00
@igniscoffee
커피 아마자케 ¥1,200 / 필터 커피 ¥1,000~

PART 3

도쿄 서부
東京西部

Western Tokyo

도심을 벗어나면 상대적으로 여행객들의 발길이 뜸해지고 주택가와 실제 거주민의 생활하는 모습이 도드라지는 동네를 발견할 수 있다. 특히 시부야나 신주쿠에서 이름만 바뀌어 근교로 뻗어 나가는 노선들은 세타가야(世田谷), 메구로(目黒) 등 주거지역 곳곳으로 사람들을 실어 나른다. 코로나의 영향으로 해외 관광객 방문과 외출이 줄어들자, 일본에서도 자택에서 보내는 시간이 늘고 자연스럽게 로컬 상권이 떠오르기 시작했다. 원두를 구매하여 집에서 추출하는 사람이 늘어나면서 지역 단골을 중심으로 하던 커피숍들이 호황을 누리고, 도심에서 활동하던 로스터리들도 주택이 밀집한 지역에 새 지점을 열게 되었다.
짧은 여행 중 도심을 벗어나는 건 쉽지 않지만, 진짜 도쿄 사람들이 즐기는 커피숍의 분위기를 느끼고 싶다면 여유로운 골목길을 걸으며 새롭게 생긴 스페셜티 커피숍을 찾아가 봐도 좋겠다.

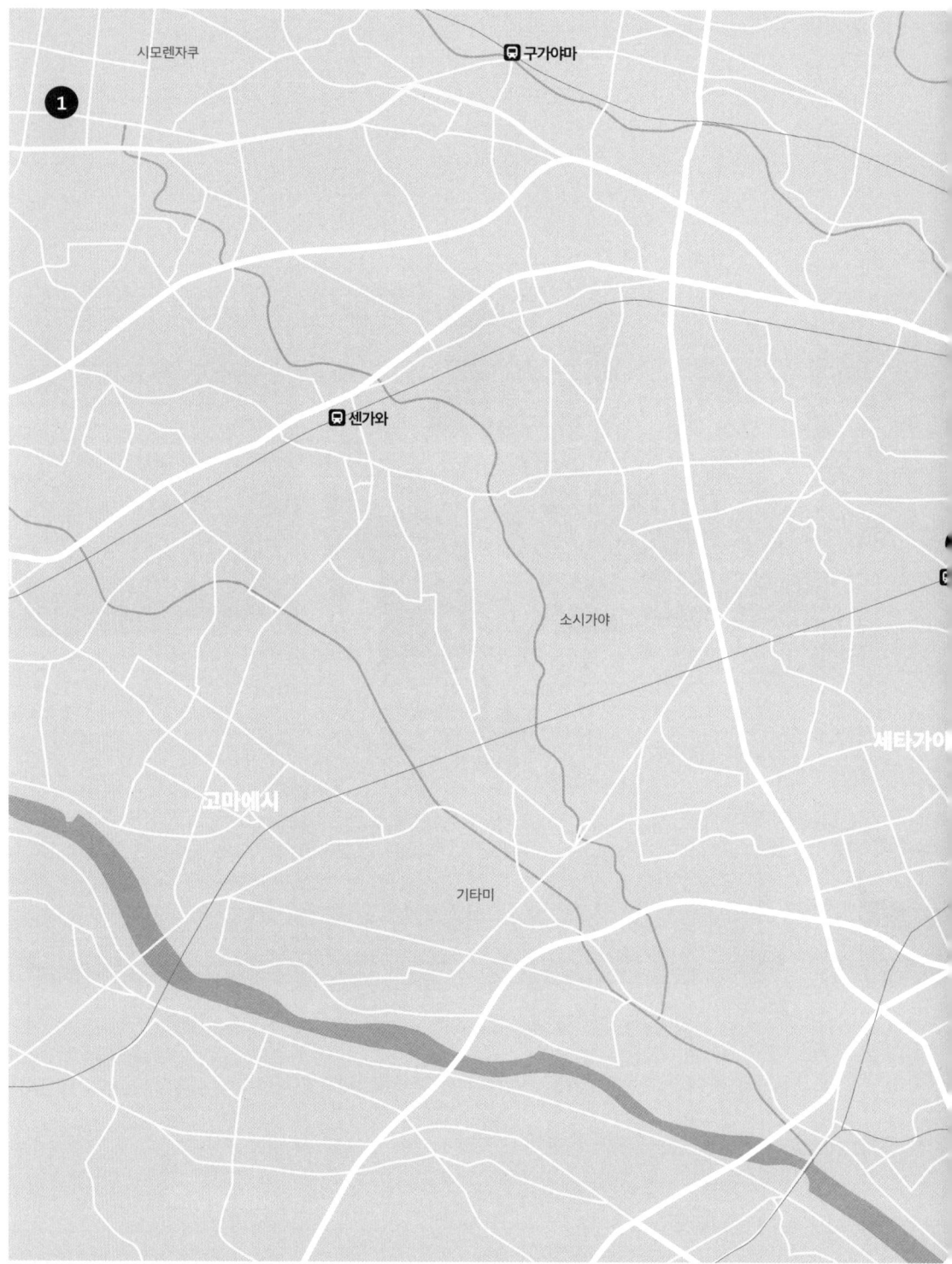

① **LIGHT UP COFFEE Mikata**
정비 공장을 개조한 라이트업 커피의 새로운 공간

키치죠지와 시모기타자와에 매장을 둔 〈라이트업 커피LIGHT UP COFFEE〉는 파랑새 로고의 싱그러운 느낌과 커피가 주는 산뜻한 느낌이 정말 잘 어울려서 도쿄를 찾을 때면 꼭 방문하는 커피숍 중 하나다. 오랫동안 도쿄에 가지 못하다 시모기타자와의 〈라이트업 커피〉를 다시 찾았을 때는 여전히 변하지 않은 가게의 모습과 커피 맛에 안도의 한숨을 쉬었다. 그 후 또 한 번 도쿄 여행을 준비하던 중, 새로운 로스터리 매장을 오픈한다는 기쁜 소식이 들려왔다. 새로 들인 프로밧 UG22에 걸맞은 공간을 찾아 로스터리로 운영하기로 했으며 이곳을 일반인에게도 공개한다는 반가운 소식이었다. 로스팅 용도로 사용하는 공간이기에 주말에만 일반인에게 오픈하는데, 마침 도쿄 여행 시기가 오픈일과 겹쳐 주저 없이 이곳을 찾았다.

주오선을 타고 키치죠지를 지나 한 정거장만 더 가면 지브리미

술관이 있는 미타카역이 나온다. 미타카역에서 내려 버스를 타고 10분 정도를 더 가자 드디어 로스터리의 외관이 나타났다. 상당한 규모의 창고형 건물로, 오픈 전이라 아직 올라가지 않은 셔터에 그려진 파란색 〈라이트업 커피〉 로고가 시선을 사로잡았다. 매장 준비가 마무리되고 셔터가 올라간 지 얼마 되지도 않았는데 금세 실내가 손님들로 가득 찼다. 커피숍조차 찾기 어려운 상당히 외진 동네에 이런 곳이 생긴 반가움인지, 공간에 대한 호기심인지, 산책하던 동네 주민과 가족 단위의 손님, 그리고 멀리서 일부러 찾아온 듯한 손님이 북적였다.

나는 첫 번째로 입장해 'JUICY(쥬시)'라는 이름이 붙은 르완다 커피를 주문했다. 〈라이트업 커피〉는 동일한 농장의 커피를 꽤 오랜 기간 취급한다. 산뜻하고 청량한 맛은 늘 변하지 않고 그대로여서 언제나 실망하는 법이 없다. 커피 한 잔을 마시러 찾아오기에는 함께 들를 만한 코스가 없어 발길이 쉽게 닿지 않는 동네였지만, 오히려 좀 더 느긋한 마음으로 넓은 공간을 만끽하며 여유로운 시간을 보낼 수 있었다.

LIGHT UP COFFEE Mitaka 라이트업 커피 미타카점

미타카시 신카와 6-36-27 / 미타카역에서 66번 버스로 10분
목, 금 11:00~18:00 / 토, 일 10:00~18:00 (변동 가능)
@lightupcoffee
핸드드립 ¥600 / 에스프레소 미칸 소다(계절 한정) ¥750

② **Raw Sugar Roast**
레트로풍 공간 속 다양한 문화가 공존하는 곳

보통 도쿄 도심부를 여행하면 JR, 도쿄메트로 그리고 도에이지하철 세 개의 철도 회사 노선을 주로 이용하게 된다. 촘촘하게 짜인 노선도를 따라 몇 차례 환승할 의지만 있다면, 도쿄 어디든 전철과 지하철로 쉽게 다닐 수 있다. 이렇게 다양한 곳을 다니다 보면 그 외에도 수많은 철도 회사가 있다는 사실을 눈치챌 수 있다. 특히 도심부를 벗어나는 방향으로는 신주쿠나 시부야 등지에서부터 시작되는 노선도 있지만, 도심부의 다른 노선이 어느 시점에 이름만 바뀌어 계속해서 운행되는 경우도 많다. 주택가가 집약되어 훨씬 여유로운 분위기를 풍기면서도 다양한 맛집과 커피숍이 모여 있는 세타가야구는 이렇게 도심 밖으로 뻗어 나가는 게이오선이나 오다큐선을 통해 찾아갈 수 있다.

신주쿠역에서 오다큐선을 타고 10분 남짓 가면 거미줄 같은 복잡한 도로 때문에 '미로'라고 불리는 동네 '교도'가 나온다. 역에서부터 방사형으로 길들이 뻗어 나가며 다양한 상점들이 역을 에워싸고 있다. 교도역의 북쪽 출구로 나와 주택가 사이를 걷다 보면 특별한 간판이 눈에 띄지 않는 붉은 벽돌 건물에 문을 연 〈로 슈가 로스트〉Raw Sugar Roast〉를 발견할 수 있다.

〈로 슈가 로스트〉는 호주와 영국 등지에서 로스터로 많은 경험을 쌓은 오다 마사시(小田政志) 씨가 〈글리치〉 소속의 코사카다 유이(小坂田祐哉) 씨를 헤드 로스터로 영입하여 도쿄에서 꽤 화제가 되고 있는 커피숍이다. 오픈한 지 얼마 되지 않은 로스터리임에도 불구하고 많은 커피숍에서 이곳의 원두를 사용해 커피인들 사이에서도 이름이 많이 언급되고 있다.

평범한 맨션처럼 보이는 외관의 건물이지만 문을 열고 들어서니 콘크리트가 노출된 높은 층고와 빈티지 가구가 조화를 이루어 이국적이고 고풍스러운 분위기를 풍긴다. 젊은 층부터 노년층까지 다양한 연령대가 오가는 거리에 있어 동네 산책을 나온 주민부터 오직 커피를 찾아오는 사람들까지 손님이 다양하다. 바리스타가 중심인 커피숍인 만큼 메인 메뉴는 다양한 싱글 오리진의 드립 커피다. 원두는 대부분 라이트 로스팅을 했지만 여러 손님에게 흥미로운 커피를 제공하려는 듯 가공방식은 무산소 가공 등 다양하고, 드리퍼는 〈글리치〉에서 오랫동안 사용한 지나GINA를 사용한다. 스콘이나 시나몬 롤을 비롯해 디저트류도 여럿 준비되어 맛있는 커피와 함께 즐길 수 있다.

Raw Sugar Roast 로우 슈가 로스트

세타가야구 미야사카 3-9-4 / 교도역에서 도보 4분
매일 08:00~18:00
@rawsugar_roast
플랫 화이트(싱글 오리진) ¥650 / 시나몬롤 ¥600

③ **FUGLEN Hanegi Koen**
주택가의 안온함을 품은 노르딕 카페

2021년 10월, 세타가야의 우메가오카역 부근에 〈푸글렌〉 하네기공원점이 문을 열었다. 시부야점과 아사쿠사점은 관광객 접근성이 좋은 도심 한가운데 위치한 반면, 하네기공원점은 의외로 주택가에 조용히 자리 잡고 있다.

이런 위치에 있는 〈푸글렌〉은 어떤 분위기일지 궁금하던 차에, 〈옵스큐라 커피OBSCURA COFFEE〉에 근무하는 지인과 이곳에서 만나기로 약속을 잡았다. 신주쿠역에서 오다큐선을 갈아타고 약 20분을 달려 우메가오카역에 내렸다. 해가 이미 진 저녁 시간에 비가 부슬부슬 내리고 전철에서 내린 사람들이 귀가를 서두르고 있었다. 도심을 살짝 벗어난 주거지구는 역을 중심으로 상점가들이 펼쳐져 있는 형태가 대부분인데, 우메가오카도 크게 다르지 않은 분위기였다. 하네기 공원 방향으로 나가 상점가를 지나니, 금세 좁은 길가에 위치한 〈푸글렌〉을 만날 수 있었다. 〈푸글

렌〉의 상징인 빨간 새 모양 로고를 따라 들어간 매장 내부는 시부야점이나 아사쿠사점 못지않게 이국적이고 세련된 분위기였다. 다른 매장에 비해 상당히 여유롭고 차분한 분위기였지만, 저녁 식사 시간임에도 자리는 이미 가득 차 있었다. 겨우 자리를 잡고 시소(シソ, 차조기)가 올라간 칵테일을 한 잔 주문했다. 밤이 깊어가는 동안 사람들이 끊임없이 자리를 채우며 밤의 푸글렌을 즐기고 있었다.

얼마 후 다시 도쿄를 방문했을 때, 해가 떠 있는 시간의 〈푸글렌〉 하네기공원점도 궁금해서 이른 아침 이곳을 찾았다. 첫 손님으로 입장해서 케냐 커피를 드립으로 주문하고 바에 앉았다. 커피를 내려 준 바리스타는 주로 시부야점에서 근무하는데, 마침 이날 하네기공원점으로 지원을 나왔다며 말을 건넸다. 첫 모금을 마시니 커피 트렌드가 계속 변화하는 가운데서도 오래전부터 고집해 온 라이트 로스팅 스타일은 여전히 유지되고 있다는 걸 알 수 있었다.

이른 아침부터 다양한 연령대의 손님들이 이곳에 가볍게 들러 커피를 주문한다. 다른 〈푸글렌〉 지점과 비교하면 관광객보다는 동네 주민 비중이 큰 것이 꽤 신선한 풍경이다. 벽면에는 커피 세미나 일정이 적힌 공고문이 걸려 있다. 동네 사람들에게 스페셜티 커피와 추출방식을 알리며 커피에 더 관심을 두게 하려는 노력이다.

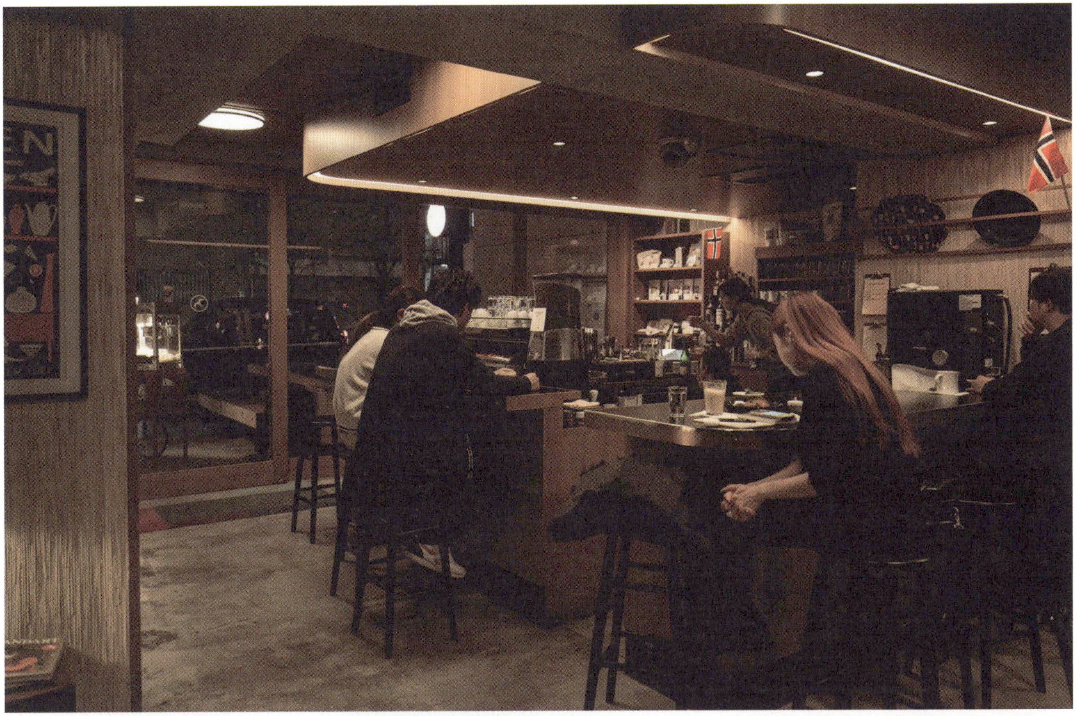

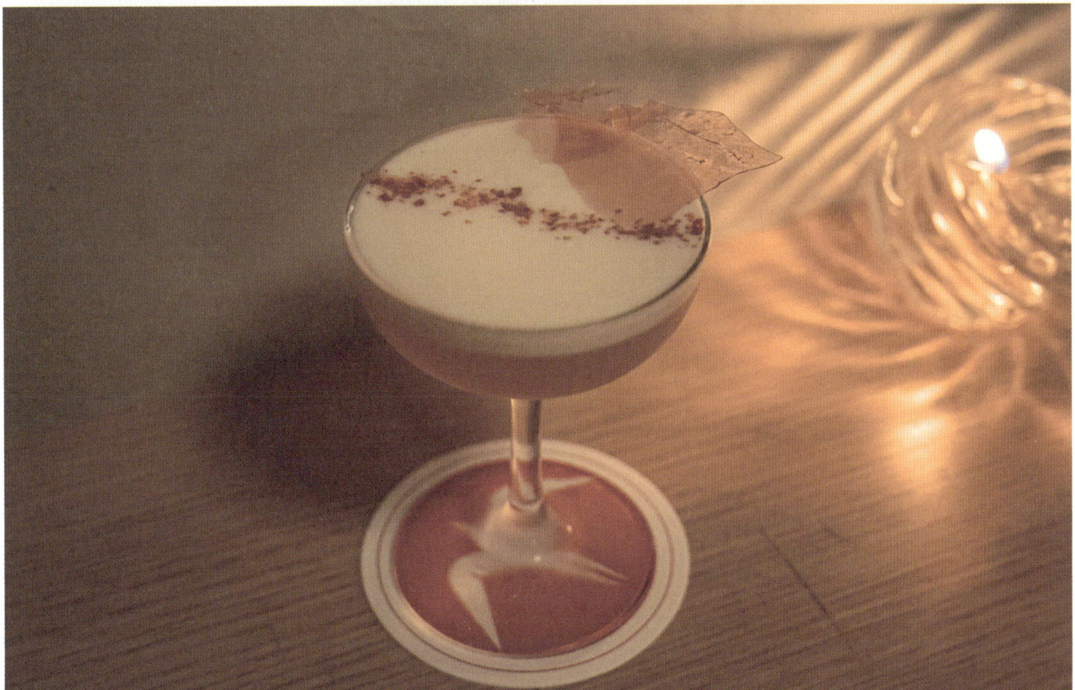

FUGLEN Hanegi Koen 푸글렌 하네기공원점

세타가야구 다이타 4-36-14 / 우메가오카역에서 도보 4분
월-목 08:00~20:00 | 금-일 08:00~22:00
@fuglenhanegikoen
핸드드립 ¥660 / 클래식칵테일 ¥1,070~

④ # OGAWA COFFEE LABORATORY Shimokitazawa

교토 노포 커피숍의 새로운 도전

코로나로 인하여 도쿄의 여러 커피숍이 새로운 변화를 꾀할 때, 교토의 〈오가와 커피〉는 도쿄 진출을 결정했다. 아침 식사 메뉴를 함께 파는 사쿠라신마치점에 이어 시모기타자와점이 '리로드reload'라는 새로운 복합 상업 시설에 문을 열었다. 최근 트렌디한 인테리어 디자인으로 주목받는 세키 유스케가 공간을 디자인했다.

공간에 들어서면 아무것도 놓여 있지 않은 긴 콘크리트 바 테이블이 한쪽 면을 가득 채우고 있고, 손님과 일대일로 응대하는 바리스타가 메뉴와 커피를 안내해 준다. 플레이버 휠[1]처럼 생긴 메뉴판에는 로스팅 포인트에 따른 맛과 향을 직관적으로 표기하여 누구나 쉽게 원두를 고를 수 있고, 카페 라떼와 같은 에스프레소

---

1 커피, 와인 등의 향미를 체계적으로 분류하고 설명하기 위해 사용하는 원형으로 된 표.

베이스 음료도 싱글 오리진 원두를 선택할 수 있다. 또 하나 이곳만의 특별한 서비스가 있다. 원두 구입 후 300엔을 더 지불하면, 마흔여 개의 도구 중 원하는 도구를 골라 직접 브루잉을 체험해 볼 수 있는 서비스다. 이 서비스가 궁금해서 에티오피아 타데 원두를 100g 구입하고 체험 프로그램을 선택했다.

전동 그라인더부터 코만단테^{Comandante} 같은 핸드밀까지 다양한 그라인더로 시작하여, 드립포트와 드리퍼 등 웬만한 커피 도구가 모두 구비되어 있었다. 이곳의 원두는 다소 로스팅 포인트가 높은 터라 풍미를 살려 보는 게 좋을 것 같아 종이 필터를 사용하지 않는 코레스^{Cores} 드리퍼, 코만단테 그라인더, 손에 익은 브루이스타^{Brewista} 드립포트를 선택했다. 직원들은 선택한 도구들을 준비한 뒤 원두와 도구에 맞는 레시피를 알려 주었다. 알려준 추출시간과 용량에 맞춰 바에 마주 서서 직접 커피를 추출하니 색다른 재미가 있었다. 지나고 나서 돌이켜 보니 단순한 추출 경험을 넘어 집에서 커피를 내려 마시는 사람을 위한 가이드를 제공하는 프로그램인 것 같았다. 자신의 도구로 이곳의 커피를 맛있게 즐기는 방법을 직접 체험해 보고, 이로써 표현해야 하는 정확한 맛을 집에서도 향유할 수 있게 하는 새로운 시도가 아니었을까.

OGAWA COFFEE LABORATORY Shimokitazawa
오가와 커피 래버러토리 시모키타자와점

세타가야구 기타자와 3-19-20 / 시모기타자와역에서 도보 6분
매일 09:00~20:00
@ogawacoffee_laboratory
필터 커피(푸어오버) ¥700~ / 직접추출(기구사용료) +¥400

⑤

COFFEE COUNTY
Tokyo

후쿠오카의 명성으로 도쿄까지

2023년 도쿄에서 가장 화제가 된 스페셜티 커피숍은 단연 후쿠오카의 명성을 업고 도쿄에 진출한 〈커피 카운티COFFEE COUNTY〉였다. 한국에도 〈커피 카운티〉의 커피를 콕 집어 좋아한다고 말하는 사람들이 있을 정도로 일본의 스페셜티 커피 씬을 논할 땐 빼놓을 수 없는 곳이다. 오너인 모리 타카아키(森崇顕) 씨는 대학 졸업 후 커피 관련 기업에서 여러 업무를 경험한 후, 2013년 니카라과 산지에서 몇 달간의 경험을 거쳐 후쿠오카 쿠루메에 〈커피 카운티〉를 차렸다. 이후 여러 대회에 선수로 참가하거나 심사위원을 맡는 등 다양한 활동을 해와 일본에서는 상당한 인지도를 갖고 있다.

매장은 세타가야구의 시모키타자와 근처에 있고 가까운 역은 이케노우에역이나 히가시키타자와역이다. 역에서 나와 조용한 골목길을 따라 조금만 걸어가면 멋진 외관의 〈커피 카운티〉를 발견할 수 있다. 에티오피아의 주거지를 이미지화했다는 동굴 같은 내부에 들어서면 독특한 곡면의 바와 함께 소품 하나하나 신경 쓴 듯한 일체감 있는 공간이 펼쳐진다.

가게에 들어가 주문하려고 바에 서니, 원두를 구매하면 커피 한 잔을 무료로 마실 수 있다는 점을 미리 알려 주었다. 커피를 다 마시고 난 후 원두를 구매하려고 할 때 이러한 혜택을 알려주면 또 한 잔을 받아 들기 곤란한 경우가 많은데, 나름의 작은 배려처럼 느껴져 기분 좋게 원두를 한 봉지 구입하고 커피를 골랐다. 커피는 2022년 브라질의 커피 출품 대회 테이스트오브하비스트 Taste of Harvest에서 6위를 한 파젠다 과리로바 농장의 옐로우 카투아이 더블 퍼먼테이션 레드 허니를 선택했다. 상당히 복잡한 가공을 거친 커피지만, 라이트 로스팅에 클린함이 더해져 브라질 커피 같지 않은 깔끔한 맛이 났다. 니시하라의 아이스크림 명소 '카시키KASIKI'의 아이스크림을 넣은 슈도 이곳에서만 맛볼 수 있는 특별한 디저트이기에 함께 주문했다.

커피 맛을 음미하고 있다 보니 오픈한 지 채 30분이 지나지 않았는데도 만석이 되어 있었다. 하지만 모두 커피를 마시는 일이 목적인 듯, 조용히 커피 한 잔을 즐기고 금세 자리를 내어주어 생각보다 기다리는 사람 없이 자리 회전율이 높았다. 상당히 화제가 되는 공간임에도 차분하게 소비되는 분위기의 비결이 새삼 궁금했다.

COFFEE COUNTY

Brazil Taste of Harvest 2022 #6

このロットのアロマティックでトロピカルな風味にずっと驚いてます。その秘密はダブリロバ農園さんが2年にかけて生産してきたCup of Excellence連続、その後も多数の受賞歴を持つ先進的な農業です。その中でもスペシャルティコーヒー協会（BSCA）スペシャルティコーヒーの祭典となります。Taste of Harvestは、スペシャルティコーヒーを日本に紹介するにあたって、とりわけ興味深かった出品です。Taste of Harvest は各国のスペシャルティコーヒー協会が主催するイベントです。ブラジルスペシャルティコーヒー協会（BSCA）の Taste of Harvest 2022 の出品ロットです。Taste of Harvest とは、その年に知られたニュークロップから優秀なコーヒーを紹介するためのイベントです。国内各国の審査員達がその年に知られたニュークロップからバイヤーに紹介する、とりわけ興味深かった全ロットでもダブリロバ農園の特別出品は風味のマイクロロットでした。

＜生産処理方法＞ 46 時間の乳酸菌発酵と 78 時間のコーヒーチェリー2 度の発酵方法で、乳酸菌発酵では、アルコール発酵とはちがい、アルコール発酵させます。乳酸菌発酵では、アルコール発酵とはちがい、4 時間使用しています。どちらの発酵にも天然酵母を持つコーヒーチェリー発酵槽内のコーヒーの水からそれぞれ採取し、培養したものを使用する以外は発酵タンクに入れています。種子内の内層が異なり...

COFFEE COUNTY Tokyo 커피 카운티 도쿄점

세타가야구 기타자와 1-30-3 / 이케노우에역에서 도보 4분
화-일 11:00~19:00
@coffeecountytokyo
핸드드립 커피 ¥600~ / 슈+아이스크림 ¥500

⑥ Sniite
로컬에 스며든 스페셜티 커피

〈스니트〉는 유텐지와 산겐자야, 이케지리오하시 어디에서 가도 15분은 걸어야 하는, '쟈쿠즈레'라는 오래된 동네에서 2020년 오픈했다. 처음에는 이 매장의 이름을 어떻게 발음하는지 몰랐는데, 현지인들은 '스니-또'라고 발음하고 있었다. 〈스왐프〉의 이시카와 씨도 가게를 오픈하기 전 이곳에서 한동안 근무했다는 이야기를 들었고, 그 외에도 도쿄의 여러 바리스타가 한결같이 추천해 준 곳이었다.

지도를 보며 주택가 사이를 한참 걸어 표시된 곳에 다다르니 이른 아침인데도 늘어선 사람들이 보였다. 이렇게 이른 아침부터 줄을 서는 건가 깜짝 놀라서 보니 매장 바로 앞이 버스 정류장이었다. 가게에 들어서니 오래된 건물의 내장을 그대로 살린 투박하면서도 탁 트인 공간이 눈앞에 나타났다. 일본 어디에서도 본 적 없는 특이한 형태의 인테리어는 화제의 건축 디자이너 세키 유스케 씨가 설계했다고 한다. 자유롭게 앉아 커피를 마실 수 있는 원형 벤치를 중심으로 한쪽 벽에는 자전거가 놓여 있었다. 목재 프레임으로 공간을 구획한 바 안에서 오너인 간베 와타루(神戶涉) 씨가 인사를 건넸다.

간베 씨는 〈어바웃 라이프 커피 브루어스ABOUT LIFE COFFEE BREW-ERS〉에서 약 5년간 매니저로 근무했던 베테랑이다. 코로나가 한창인 2020년 11월에 독립하여 자신의 가게를 차렸다. 처음에는 상당히 중후하고 점잖은 이미지라 말을 걸기 망설였으나, 이야기를 나누다 보니 어느새 자리로 커피를 들고 나와 여러 이야기를 들려주었다. 주문한 커피는 에콰도르 윌만 마요. 상당히 라이트하게 로스팅된 커피인데도 단맛이 깔끔해 케냐 같은 뉘앙스가 느껴졌다. 금세 한 잔을 비우고 주문한 따뜻한 라떼는 우유와의 조화가 훌륭한 달콤한 커피였다.

〈어바웃 라이프 커피 브루어스〉, 〈오니버스 커피〉는 모두 접근성이 좋고 늘 많은 사람이 오가는 좋은 위치에 있었는데 왜 〈스니트〉는 접근성이 아쉬운 입지에 열었는지 궁금해져 질문했다. 사실 이 동네는 오래된 커피숍이나 식당, 거주민이 많은 주택가인 데다 〈어바웃 라이프 커피 브루어스〉나 〈오니버스 커피〉를 찾아오던 손님들도 자전거를 타면 금방 올 수 있는 위치라는 대답이 돌아왔다. 여행자 입장에서 불편함만을 생각했던 우문이었다.

Sniite 스니트

세타가야구 시모우마 1-56-13 / 유텐지역에서 도보 13분
매일 08:00~17:00
@sniite_
드립 커피 ¥500~ / 카페 라떼 ¥500

⑦

ONIBUS COFFEE
Jiyugaoka
나카메구로 핫플의 커피를 차분한 분위기에서

시부야 도겐자카에 있는 작은 커피바 〈어바웃 라이프 커피 브루어스〉, 나카메구로역 철로 옆 목조건물의 〈오니버스 커피〉는 일본을 넘어 전 세계 커피 애호가들에게 알려진, 도쿄의 명실상부 방문 1순위 커피숍들이다. 최근 몇 년 사이 〈오니버스 커피〉 매장은 베트남 호찌민을 포함해 총 여덟 개로 늘어났다. 그중 2022년 오픈한 〈오니버스 커피〉 지유가오카점은 다른 지점들과 분위기가 조금 다르다. 시부야와 나카메구로 매장들이 테이크아웃 위주의 커피 스탠드에 가깝다면, 지유가오카점은 널찍하고 차분한 분위기의 카페 스타일 공간으로 브런치 메뉴와 햄버거 등 다양한 식사류를 함께 제공한다.

교통이 편리하고 세련된 카페와 고급 주택가가 늘어선 지유가오카는 늘 도쿄에서 가장 살고 싶은 동네 중 하나로 꼽힌다. 역 근처는 상점가가 늘어선 꽤 번화한 거리이지만, 조금만 벗어나면 차분하고 조용한 주택가가 펼쳐진다. 상점가를 따라 5분 정도 걸어가다 조금 여유로운 분위기의 거리가 나올 즈음 〈오니버스 커피〉가 나타난다. 입구에서부터 반갑게 맞이하는 점원이 자리를 안내하고 메뉴판을 들고 와 주문을 받는다.

오픈 시간에 맞춘 이른 아침이라 가벼운 요깃거리로 그래놀라 요거트와 커피 한 잔을 주문했다. 주방에서 정성스럽게 만든 요거트와 함께 스테인리스 빨대를 얹은 커피가 나왔다. 매장에서 스테인리스 빨대를 사용하는 것은 처음 보았는데, 환경과 지속 가능성을 고민한 흔적이 느껴져 상당히 인상적이었다.

꽤나 라이트하게 로스팅된 커피는 아주 부드럽게 목을 넘어가 하루를 시작하는 아침에 딱 어울렸다. 계속해서 입장하는 손님들로 어느새 자리가 가득 채워졌지만, 차분하고 조용한 분위기는 그대로 유지되었다. 점원들의 친절한 응대와 정성스러운 음식들 그리고 시간이 천천히 흘러가는 이 공간이, 어쩌면 〈오니버스 커피〉가 생각하는 이상적인 카페의 모습과 닮아 있을 것 같다는 생각이 들었다.

ONIBUS COFFEE Jiyugaoka 오니버스 커피 지유가오카점
메구로구 미도리가오카 2-24-8
매일 09:00~17:00
@onibuscoffee_jiyugaoka
핸드드립 ¥630~ / 오니버스햄버거 ¥1,200

ESPRESSO
AMERICANO   REGULAR LARGE
            HOT 500 / 650
            ICED 530 / 680

LATTE   HOT SINGLE 500 / 650
        DOUBLE 550 /
        ICED SINGLE 530 /
        DOUBLE 580 /

DRIP
HAND DRIP   HOT 600 /
            ICED 630 / 780
TODAY'S COFFEE
            HOT 430 / 580
            ICED 450 / 600

ALCOHOL
NATURALWINE   GLASS ASK
CRAFTBEER   GLASS ASK

FOOD
OMELETTE   1300
HAMBURGER   1400

PART 4

도쿄 근교
東京近郊

Tokyo Vicinity

도쿄와 같은 일본의 대표적인 도시를 여러 번 다녀왔다면, 새로운 풍경을 찾아 떠나는 소도시 여행도 꽤 즐거운 경험이 될 것이다. 일본 내 여러 도시로의 항공편이 조금씩 늘어나 직항으로 찾을 수 있는 소도시가 많아졌지만, 도쿄에서 하루 정도 시간을 내면 전철이나 버스 또는 신칸센을 타고 당일치기로 다녀올 수 있는 곳이 많다. 모든 여행지에서 맛있는 라이트 로스팅 커피를 기대하기란 쉽지 않지만, 의외로 지역 곳곳에서 스페셜티 커피를 알리려는 개성 넘치는 가게를 발견할 수 있다. 도쿄에 머무르며 당일 일정으로 다녀올 수 있는 근교 지역의 스페셜티 커피숍 몇 군데를 소개한다.

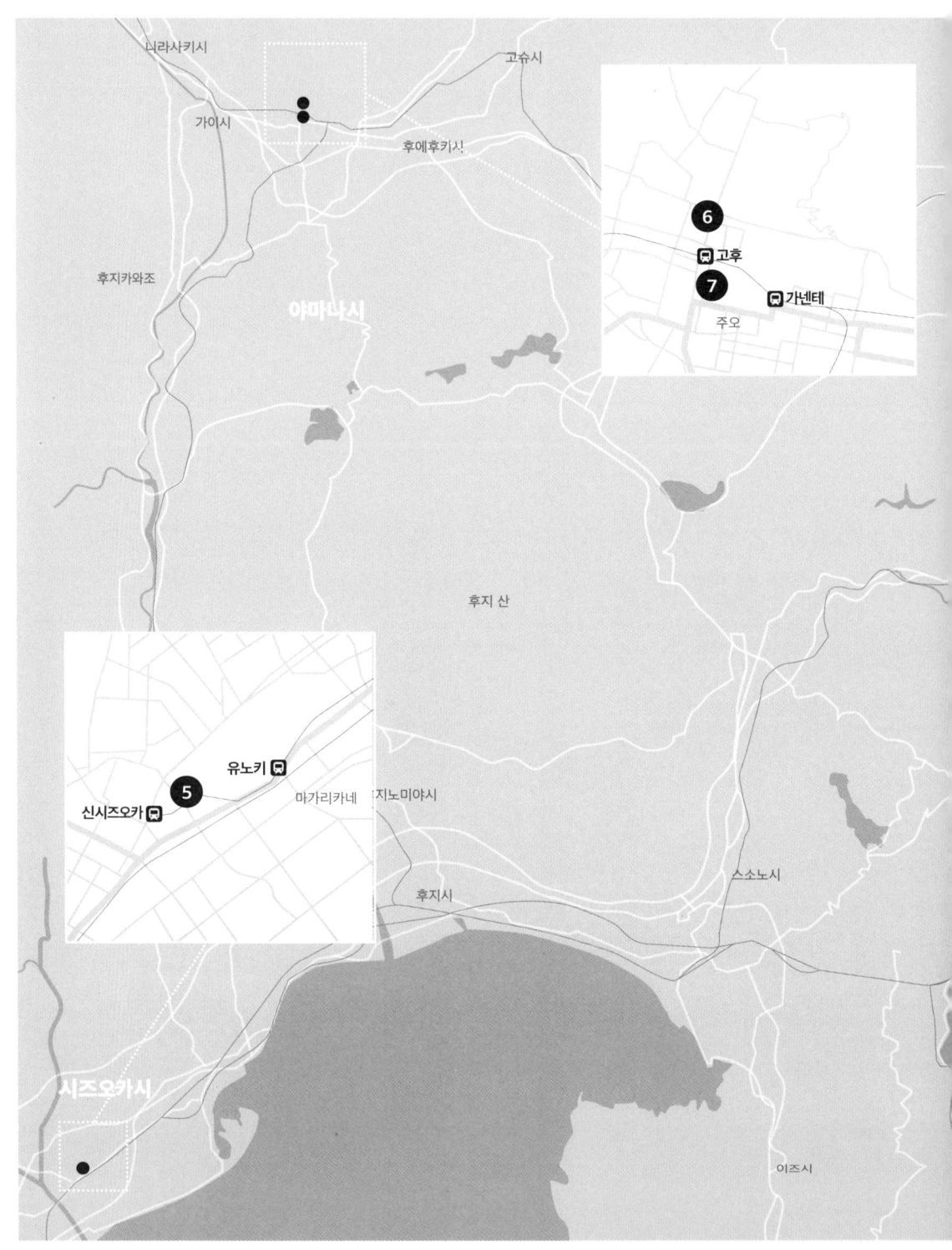

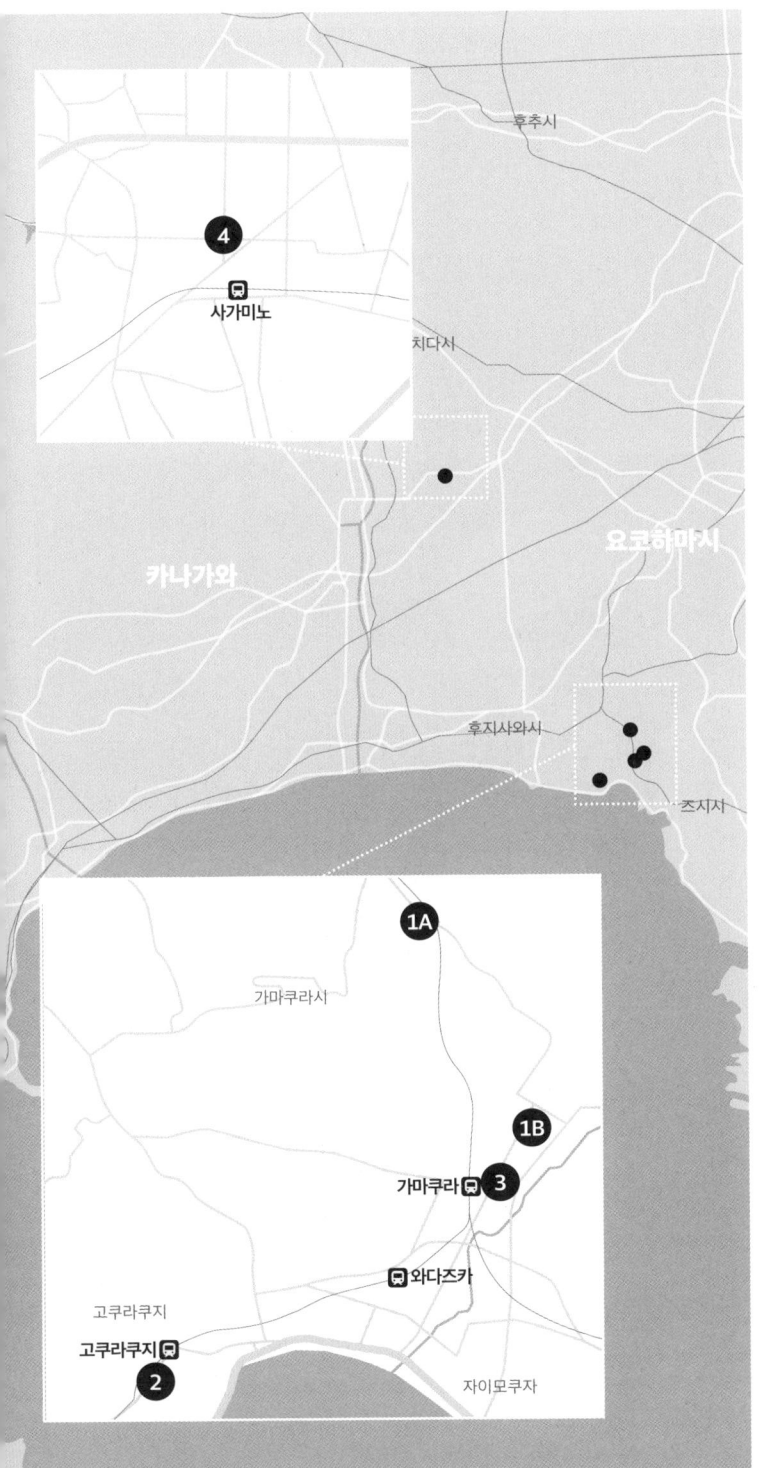

① VERVE COFFEE ROASTERS

가마쿠라에서 만나는 힐링 공간

12세기에 창설된 일본 최초의 막부인 가마쿠라 막부는 이후 교토와 도쿄로 정치의 중심이 옮겨가기 전까지 중세 일본의 중심지로서 번영을 누렸다. 오랜 역사만큼이나 다양한 유적을 갖추고 있고 도쿄에서 멀지 않아 관광객들의 발길이 끊이지 않는다. 전통적인 관광지인지라 오래된 분위기의 카페가 많던 이 동네에 최근 세련된 스페셜티 커피숍이 많이 들어섰다. 엔데믹 시대를 맞이하며 다시금 방문객이 급증하는 이 동네에서 스페셜티 커피를 알린다는 건 나름 탁월한 선택으로 보인다.

VERVE COFFEE ROASTERS Kitakamakura

〈버브 커피〉는 가마쿠라에만 두 곳의 매장을 운영하고 있다. 2020년 문을 연 기타가마쿠라점은 도쿄의 원두를 모두 책임지는 로스팅 공장이 생긴 곳이라 꼭 한 번 들러 보고 싶었다. 기타가마쿠라역에서 내려 한참을 걸어가야 나오는 이 지점은 널찍한 주차창을 갖춘 근교 카페 같은 분위기였다. 늦은 오후 매장에 도착하니 동네 주민과 여행객이 섞여 야외와 실내 공간을 이미 가득 채우고 있었다.

주문을 하려고 서 있는데 바 너머의 거대한 프로밧 로스터기가 눈에 들어왔다. 〈버브 커피〉의 맛있는 커피를 전부 이곳에서 로스팅한다고 생각하니 먼 거리를 이동해 찾아온 보람이 느껴졌다. 이번에는 조금 색다른 메뉴로 에스프레소 토닉과 치즈케익을 주문했다. 일본에서 상대적으로 접하기 쉬운 에스프레소 토닉은 토닉 워터에 에스프레소를 넣은 음료다. 커피가 탄산을 만나면 쓴맛이 두드러져서 부정적인 맛이 느껴지는 경우도 많은데, 이곳의 에스프레소는 단맛이 부드럽게 올라와 탄산의 청량감이 극대화되었다.

VERVE COFFEE ROASTERS Kitakamakura
버브 커피 로스터스 기타카마쿠라점

가나가와현 가마쿠라시 야마노우치 1395 /
기타가마쿠라역에서 도보 5분
매일 07:00~19:00
@vervecoffeejapan
푸어오버 ¥750~ / 와플 ¥550~ / 카페토닉 ¥780

VERVE COFFEE ROASTERS Yukinoshita

가마쿠라 역에서 쓰루오카 하치만구까지 가는 차도의 한가운데에는 '단카즈라(段葛)'라고 하는 도보 길이 길게 늘어서 있다. 길 양옆으로는 상점가가 줄지어 있어 늘 사람들로 붐빈다. 이곳에 〈버브 커피〉의 가마쿠라 두 번째 지점이 위치해 있다.

매번 지나만 가다 내부 분위기가 궁금해 도보 길을 내려와 매장에 들어갔다. 공간은 의외로 넓고 차분했다. 노트북을 놓고 느긋하게 작업하는 사람들을 보니, 누군가에게는 이곳이 관광지가 아닌 생활 공간일 수 있겠다는 생각이 들었다.

늘 많은 사람으로 붐비지만, 자리에 앉으면 큰 방해 없이 여유롭게 휴식을 취할 수 있다. 가마쿠라 여행 중 맛있는 커피와 함께 잠시 숨을 고르기에 손색없는 공간이다.

VERVE COFFEE ROASTERS Yukinoshita
버브 커피 로스터스 유키노시타점

가나가와현 가마쿠라시 유키노시타 1-10-8 / 가마쿠라역에서 도보 9분
매일 07:00~19:00
@vervecoffeejapan
푸어오버 ¥750~ / 와플 ¥550~ / 카페토닉 ¥780

専門歯科医院
KAMAKURA ORTHODONTICS
0467-23-0080
相談受付中
VERVE
COFFEE ROASTERS

② SOMETHING'S COFFEEHOUSE
낯선 여행지의 따뜻한 안식처

팬데믹이 끝나고 오랜만에 사사즈카의 〈디어올*Dear All*〉을 다시 찾았을 때였다. 여행 일정에 관해 이런저런 이야기를 나누다 가마쿠라에 갈 거라고 하니, 예전 매장에서 몇 번 얼굴을 익힌 마키 씨가 가마쿠라에 〈썸싱즈 커피 하우스*SOMETHING'S COFFEE HOUSE*〉를 열었다는 이야기를 듣게 됐다. 마침 가마쿠라에서 어떤 커피를 마셔야 하나 고민이었다. 이렇게 추천받은 커피숍은 실패하는 법이 없기에 주저 없이 가마쿠라로 향했다.

가마쿠라역에서 에노덴을 갈아타고 고쿠라쿠지역에 내리니 정말 아무것도 없는 시골 마을이었다. 외길을 따라 조금만 걸어가면 나오는 자그마한 건물 내부에 들어서자 마치 누군가의 집과 같은 공간이 펼쳐졌다. 오늘 아침 〈디어올〉에서 추천받아 왔다고 말을 건네니 "당일에 도쿄에서 추천을 받고 여기까지 찾아온 사람은 처음인데!"라며 놀라움과 반가움으로 맞아주었다.

과거 〈디어올〉에서 일했던 마키 씨와 〈블루보틀〉에서 꽤 오래 트레이너로 근무했던 료헤이 씨가 함께 운영하는 이 가게에서는 덴마크의 〈라카브라$^{La\ Cabra}$〉와 〈프롤로그^{Prolog}〉 원두를 사용하고 있었다. 도쿄 시내에서도 북유럽 커피를 접하는 것은 쉽지 않은데, 가마쿠라에서 이런 커피를 마실 수 있다는 사실이 놀라웠다.

료헤이 씨가 단골이 앉을 법한 좁은 바 자리를 안내해 주었다. 옆에 앉은 손님이 친근하게 인사를 건네며 대화에 동참했다. 늘 오던 곳에 있는 것처럼 금세 편안한 분위기가 만들어졌다.

이후 도쿄에 갈 때마다 시간을 내어 가마쿠라를 찾아 이곳에 들렀다. 오랜만에 방문해도 어제 만난 사이처럼 반갑게 맞아주는 환대가 좋았다. 또 가볍게 요기할 수 있는 샌드위치나 일본식 파스타 나폴리탄까지 먹을 수 있어 식사를 겸해서 방문해도 문제없다. 최근에는 불렛^{Bullet} 로스터기를 구입하여 로스팅을 시작했다는 이곳. 로스팅 고민 탓에 잠을 못 잔다는 엄살과는 다르게 커피는 몹시 흡족했다.

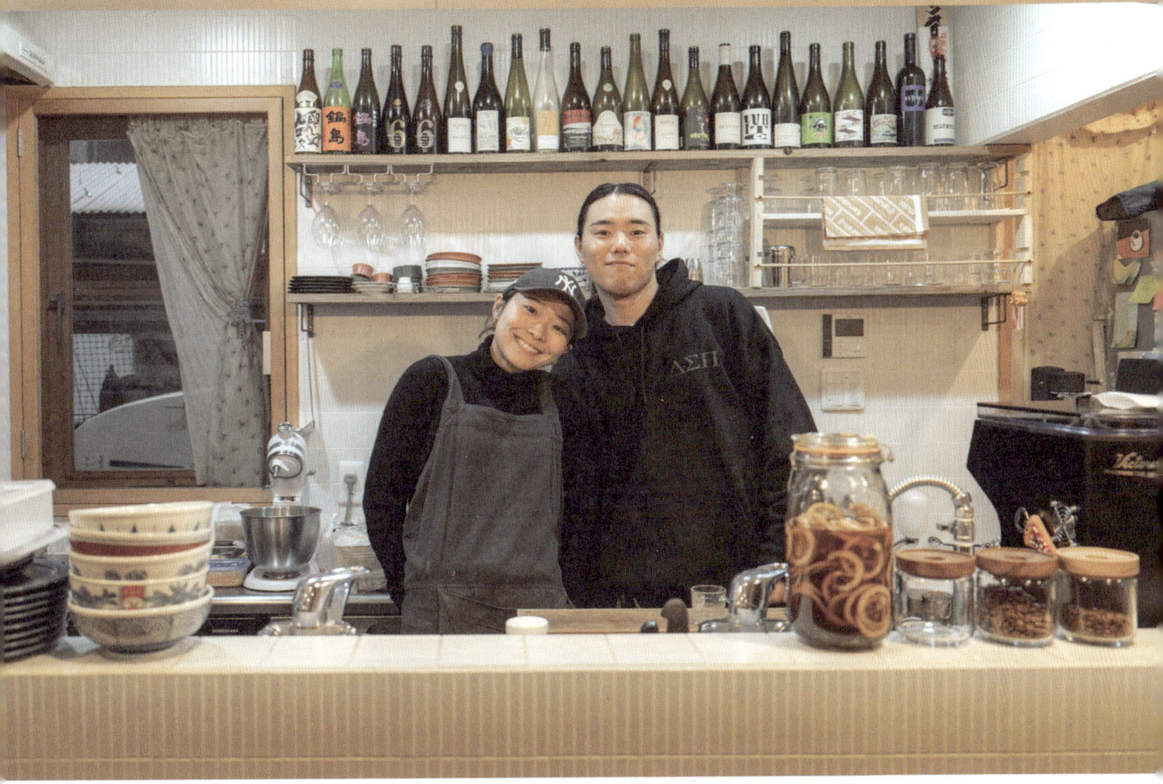
鍋島

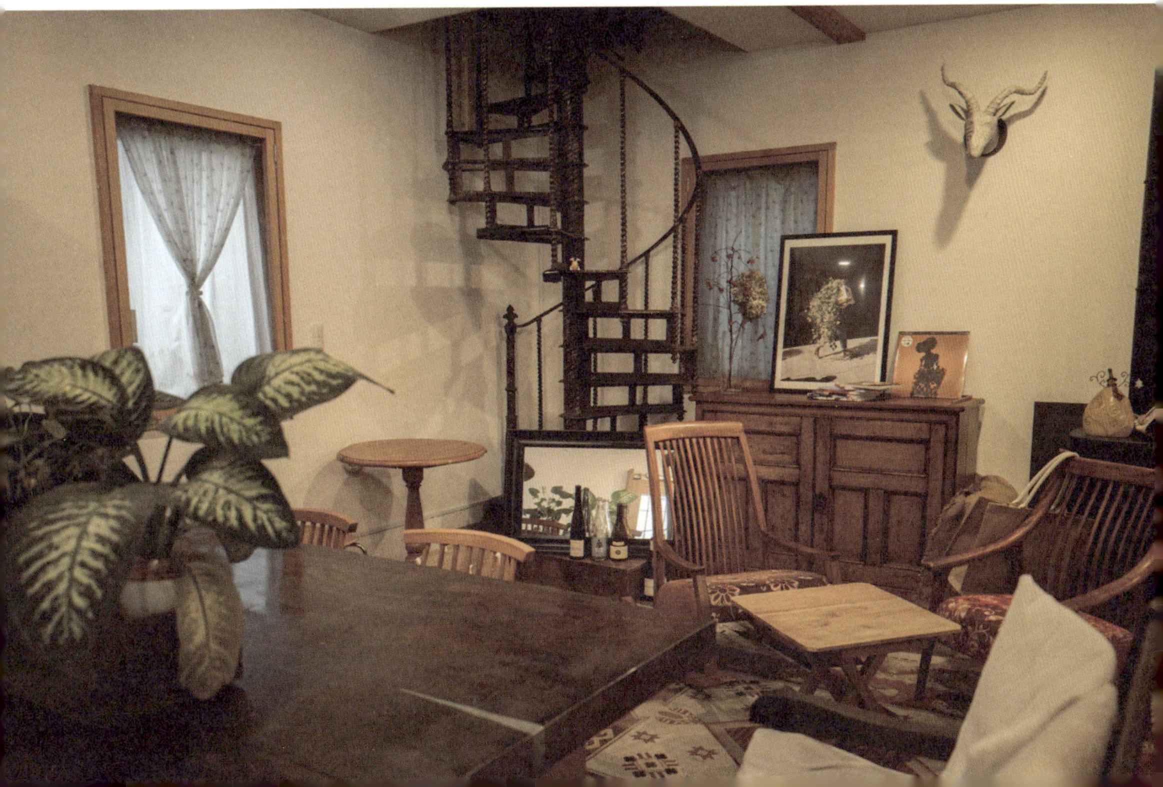

SOMETHING'S COFFEE HOUSE 썸싱즈 커피 하우스

가나가와현 가마쿠라시 고쿠라쿠지 3-7-16 /
고쿠라쿠지역에서 도보 2분
목-화 09:00~17:00
@somethingscoffeehouse
카페 라떼 ¥700 / 나폴리탄 ¥900

③ ignis Kamakura
최고급 커피 스탠드로 변신한 가마쿠라의 센베 가게

세계의 희소 커피, 이노베이션 커피를 선보인다는 모토로 다양한 프리미엄 원두들을 제공하는 〈이그니스〉가 새 지점을 가마쿠라에 낸 것은 다소 의외였다. 심지어 가마쿠라의 대표적인 신사인 쓰루가오카 하치만구로 향하는 대로변 초입에 말이다. 가마쿠라 여행객 대부분이 한 번씩은 지나갈 만한 곳에 고가의 스페셜티 커피를 파는 카페는 왠지 어울리지 않는 느낌이었다.

〈썸싱즈 커피 하우스〉에서 나와 노을이 지는 해변에서 한참 시간을 보내고, 도쿄의 숙소로 돌아가기 전 가마쿠라역에 내려 마지막으로 이곳을 찾았다. 원래 센베를 팔던 가게를 인수했다는 매장은 '가판대'라는 표현이 더 어울릴 정도로 공간이 작았지만, 고가의 원두가 가지런히 진열된 선반과 커피 추출 도구들이 완벽하게 갖춰진 바는 여느 스페셜티 커피숍 못지않게 화려했다.

때마침 오너인 도바시 씨를 만날 수 있었다. 매장을 오픈한 지 얼마 되지 않아 자주 가마쿠라 지점을 챙기는 듯했다. 비교적 비싸지 않으면서 한국에서는 쉽게 접하기 어려운 중국 운남성의 커피를 마셔보려 했지만, 도바시 씨가 권하는 콜롬비아 라스 마르가리타스 게이샤의 향을 맡고는 주문하지 않을 수가 없었다.

커피를 주문하고 나니 갑자기 뒤에서 누군가 부르는 소리가 들렸다. 이런 타지에서 나를 부를 사람이 없는데 생각하며 뒤돌아보니 〈썸싱즈 커피 하우스〉의 료헤이, 마키 씨와 옆자리에 앉아 인사를 나누었던 손님이 손을 흔들고 있었다. 저녁에 〈이그니스〉에 들를 거라는 이야기를 흘려듣지 않고, 가게 영업을 마친 후 혹시나 마주칠까 하여 겸사겸사 찾아왔다고 한다.

근처 가게를 운영하는 한 여성분과 커피 업계의 지인까지 합류하여 갑자기 좁은 벤치가 소모임 자리가 되었다. 도바시 씨도 밖으로 나와 오픈 이후 일어난 여러 재미난 에피소드를 풀어 놓았다. 12월 31일에는 아예 밤을 새워 영업했는데, 새해맞이를 하러 온 손님들로 인산인해를 이루어 종이컵이 떨어져 판매를 못 할 지경에 이르렀다고 한다. 저녁 공기가 꽤나 차가웠지만 난로와 담요로 추위를 녹이며 유쾌한 이야기로 한참이나 시간을 보냈다.

ignis Kamakura 이그니스 가마쿠라점

가나가와현 가마쿠라시 고마치 1-5-21 / 가마쿠라역에서 도보 2분
매일 11:00~18:00
@ignis_kamakura
필터 커피 ¥900~ / 커피젤리 ¥700

④ **RED POISON COFFEE ROASTERS**
매혹적인 공간에서 만나는 특별한 커피

커피에 꽤 잘 어울리는 '붉은 독약'이라는 상호의 〈레드 포이즌 커피 로스터스RED POISON COFFEE ROASTERS〉는 오래전부터 가보고 싶던 곳이었다. 가마쿠라를 찾을 때마다 늘 들르고 싶어 머리를 싸매고 일정과 동선을 고민했지만, 영업시간이 불규칙한 데다 가마쿠라와는 다소 떨어진 곳에 있는 탓에 몇 번을 포기했었다. 결국에는 따로 일정을 만들어 〈레드 포이즌 커피 로스터스〉를 찾아갔다.

가나가와현의 자마시는 도쿄 사람들에게 미군기지가 있는 지역 정도로 인식된다. 한마디로 일부러 찾아갈 일이 없는 지역이다. 도쿄 도심에서 전철을 몇 번 갈아타고 1시간이 훌쩍 넘어야 겨우 도착한다. 소테츠선을 마지막으로 갈아타고 사가니모역에 내리면 길을 따라 자그마한 가게가 늘어서 있는 조용한 베드타운의 풍경이다. 상점가를 따라 조금 걸어가자 그다지 넓지 않은 〈레드 포이즌 커피 로스터스〉가 눈앞에 나타난다. 매장에 들어서면 강렬한 검은색 인테리어가 시선을 사로잡는다. 초로의 부부가 운영하는 곳이라고는 믿기지 않을 정도로, 그 어느 곳보다도 인테리어가 트렌디하고 진열된 커피들이 화려하다.

이곳의 오너인 모리후지 도모미치(森藤友通) 씨는 디자인을 전공하고 주얼리 브랜드에서 16년을 근무했다. 그 후, 자신의 브랜드를 준비하다 어느 순간 로스팅에 빠져 버렸다. 처음에는 〈모리후지 커피 MORIFUJI COFFEE〉라는 이름으로 온라인 판매만 하다, 2018년 〈레드 포이즌 커피 로스터스〉를 오픈하기에 이르렀다.

주문하려고 바에 놓인 원두 카드를 살펴보니, 일본에서는 '이노베이션 커피'라고 부르는, 무산소와 가향 계열 커피가 주를 이루고 있었다. 어떤 커피를 마실지 고민하는데 여사장님이 친근하게 말을 걸며 커피를 소개해 주었다. 추천받은 커피는 콜롬비아 하르디네스 델 에덴 애너로빅 패션프루트로, 최근 도쿄에서 개최된 로스팅 대회의 이노베이션 커피 부문에서 준우승을 했다고 한다. 사장님이 독자적으로 제작한 솔리드 SOLID 로스터기로 볶은 원두를 클레버 Clever로 추출한 이 커피는, 화려한 플레이버에도 불구하고 가볍게 마시기 좋은 은은한 향미가 인상적이었다. 같은 커피를 다크 로스팅으로도 판매하고 있어 궁금한 마음에 한 잔을 더 주문했다. 추출 방식 덕분인지 다크 로스팅 커피도 부담스럽지 않았다.

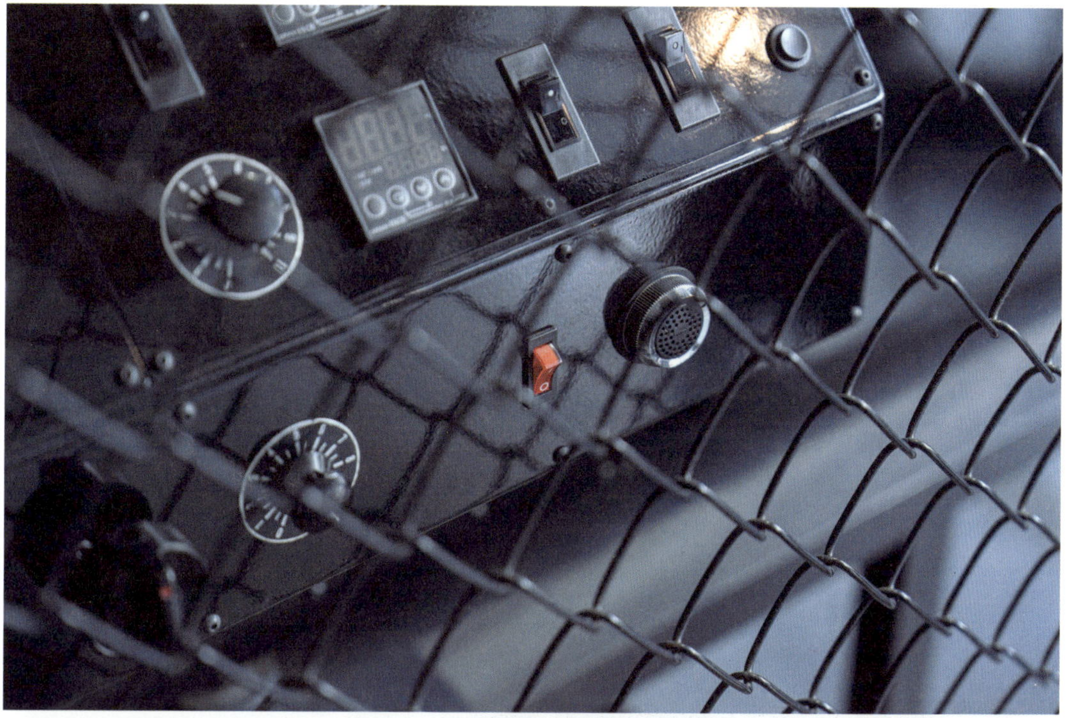

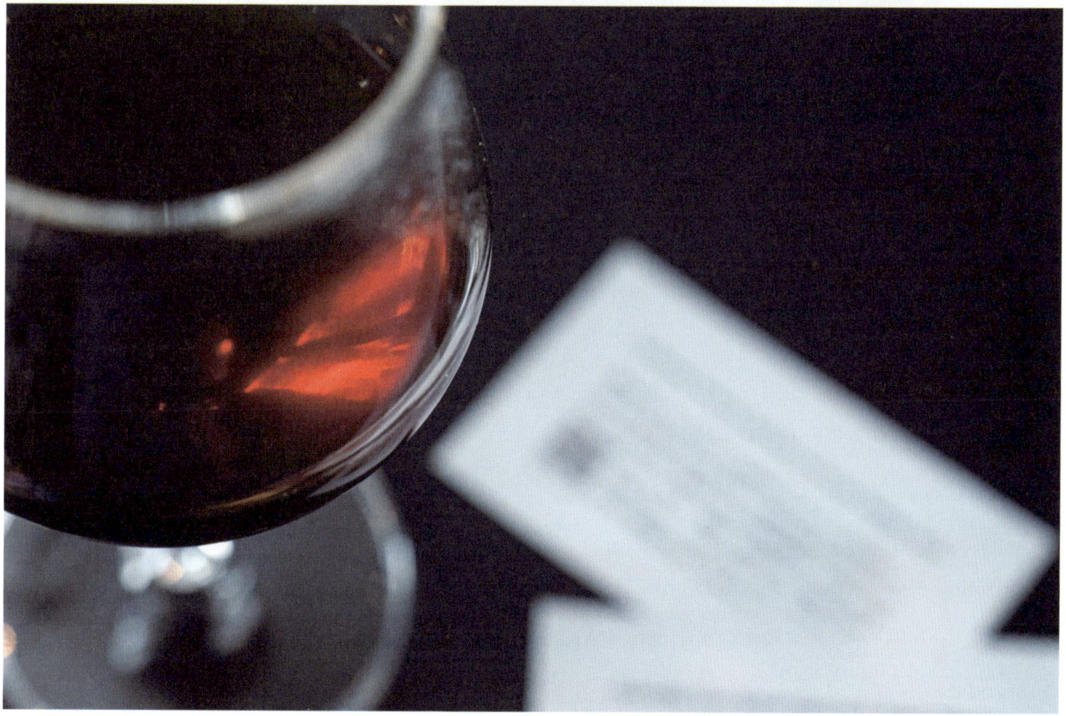

멀리서 찾아온 젊은 사람과 연세가 꽤 있는 동네 주민까지, 다양한 손님들이 한데 섞여 트렌디한 커피를 경험하는 광경이 무척 신선했다. 이곳을 찾기 위해 온전히 하루의 시간을 들여야 했지만, 그 시간은 전혀 아깝지 않았다.

RED POISON COFFEE ROASTERS 레드 포이즌 커피 로스터스
가나가와현 자마시 사가미노 2-2-20 / 사가미노역에서 도보 4분
비정기(홈페이지 확인)
@redpoisoncoffee / Homepage: red-poison.com
필터 커피 ¥500~

⑤ # ETHICUS
시즈오카에서 진정한 스페셜티 커피를 찾는다면

ETHICUS Coffee Roasters

시즈오카는 도쿄에서 신칸센으로 1시간 정도면 도착하는 가까운 거리에 있다. 최근에는 인천에서 시즈오카로 향하는 직항 노선이 재개되어 한국에서 바로 가는 것도 가능해졌다. 시즈오카현은 일본 내 최대 녹차 생산지 중 하나로, 이즈반도나 아타미와 같은 유명한 관광지가 있어 도쿄 사람들도 여행지로 많이 찾는 지역이다. 시즈오카는 녹차의 생산지인 만큼 커피보다 차를 더 주력으로 한다. 곳곳에 오래된 차 가게가 많고, 커피숍이라고 해도 예스러운 분위기의 커피숍과 깃사텐이 대부분이다. 시즈오카에서 〈에토스 커피ETHICUS COFFEE〉는 거의 유일하게 라이트 로스팅한 스페셜티 커피를 제공하는 곳이다.

〈에토스 커피〉의 로스터리는 '하요시초'라는 작은 역의 입구를 나오면 처음으로 만나는 건물의 코너에 있었다. 세련된 공간은 거대한 로링 로스터기가 있는 로스팅 룸과 원두가 진열된 쇼룸으로 구분되어 있고, 쇼룸이라고는 해도 작은 테이블 몇 개만 놓여 있어 거의 테이크아웃 위주의 공간인 듯했다. 무려 열 개가 넘는 원두 중에서 고민하다 가장 고가인 멕시코 카산드라 COE #11을 선택했다. 아직 멕시코는 세련된 프로세스를 갖추지 않았다는 편견이 다소 있지만, 로스팅 룸 한편에서 추출해 준 커피는 상당히 깔끔했다. 상당히 라이트한 로스팅 포인트임에도 불구하고 다양한 맛이 분명히 드러나는 아주 훌륭한 커피였다.

이른 아침이라 다른 손님이 아무도 없어 직원인 고타로 씨와 이런저런 이야기를 나누었다. 멀리서 찾아왔다고 하니, 이후의 일정과 목적지를 물어보고 동선에 있는 다른 스페셜티 커피숍을 추천해 주었다. 시즈오카에서는 이곳이 거의 유일한 라이트 로스팅 커피숍이라며, 〈에토스〉의 원두를 취급하는 도쿄의 여러 매장도 알려 주었다.

ETHICUS 에토스
시즈오카현 시즈오카시 아오이구 다카조 2-21-12 /
히요시초역 도보 1분
매일 08:00~18:00
@ethicus.jp
푸어오버 ¥800~ / 카푸치노 ¥800~

ETHICUS euphrainoo

다음날은 바로 옆 건물에 있는 〈에토스〉의 다른 지점 〈에토스 유프라이노ETHICUS euphrainoo〉를 찾았다. 영업시간이 다소 짧고 간단한 카레 메뉴와 와인을 함께 파는 곳이었다. 오너인 야마자키 요시야(山崎嘉也) 씨는 이곳에서 만날 수 있었다. 로스터리와는 조금 다른, 따뜻한 분위기의 공간이었지만 역시나 세련된 모습을 갖춘 공간이었다. 사이폰과 지나 드리퍼로 커피를 추출해 같은 커피를 또 다른 느낌으로 즐길 수 있었다.

ETHICUS euphrainoo 에토스 유프라이노

시즈오카현 시즈오카시 아오이구 다카조 2-20-10 /
히요시초역 도보 1분
수-월 12:00~21:00

@ethicus_euphrainoo

⑥ AKITO COFFEE
야마나시의 커피 오아시스

후지산은 시즈오카현과 야마나시현에 걸쳐 있어, 후지산이 어느 현에 소속된 것인지를 두고 양쪽의 주장이 치열하게 맞서고 있다. 그중 나름 설득력이 있다고 생각한 주장은 1,000엔 지폐의 후지산 그림이 야마나시에서 바라본 것이기 때문에 야마나시현에 속한다는 주장이었다. 시즈오카현보다 조금 더 내륙에 위치한 야마나시현은 사방이 산으로 둘러싸인 가운데, 후지산이 보이는 많은 관광 명소를 보유하고 있다. 고후시는 야마나시현의 현청 소재지로, 야마나시에서는 가장 번화한 도시다. 산으로 둘러싸인 분지 구조의 도시는 해가 잘 들고 날씨가 따뜻해서 밝고 살기 좋은 곳이라는 느낌이 든다. 도쿄역에서도 주오선 특급 열차를 타고 2시간 이내로 갈 수 있는 만큼, 무리하면 당일로도 다녀올 수 있다.

고후시를 찾은 것은 이곳에 거주하는 지인을 만나기 위해서였다. 동시에 시부야의 〈어바웃 라이프 커피 브루어스〉에서 인상 깊게 마셨던 〈아키토 커피AKITO COFFEE〉에 가보고 싶기도 했다. 고후 시내 대중교통은 배차 간격이 길어 주민들도 대부분 자동차로 이동하기 때문에 곳곳에 대형 주차장이 상당히 많았다. 가장 가까운 곳에 주차하고 오전 이른 시간 〈아키토 커피〉를 찾았다. 〈아키토 커피〉는 규모는 꽤 널찍했지만 한적한 마을의 동네 커피숍 같은 분위기였다. 미닫이문을 열고 들어서니, 잠깐 주문만 할 수 있을 정도로 좁은 바 공간이 나타났다. 2층도 아담한 테이블이 놓인 열 석 정도의 자리가 전부다. 이미 자리 잡은 단골들로 거의 만석인데 다행히 한 자리가 남아 있어 착석했다.

〈아키토 커피〉의 오너인 단자와 아키토(丹澤 亜希斗) 씨는 2014년, 스물세 살의 나이로 이 가게를 시작했다. 그는 매년 미국이나 유럽에서 스페셜티 커피 동향을 배우며 자신만의 커피 스타일을 구축했다. 그래서인지 야마나시현의 다른 카페와는 전혀 다른, 도쿄를 통틀어서도 경쟁력이 있을 정도로 높은 품질의 스페셜티 커피 라인업이 구비되어 있다.

〈어바웃 라이프 커피 브루어스〉에서 마셨던 〈아키토 커피〉는 상당히 라이트하고 클린한 느낌이었는데, 고후시 본점에서 맛본 커피는 생각보다 로스팅 포인트가 조금 더 높고 맛이 중후했다. 선택할 수 있는 라인업에 다크 로스팅 커피도 한 종류 있었던 것으로 미루어 보아, 여전히 다크 로스팅 수요가 많은 이 동네에서 나름의 적정선을 찾은 것일 테다.

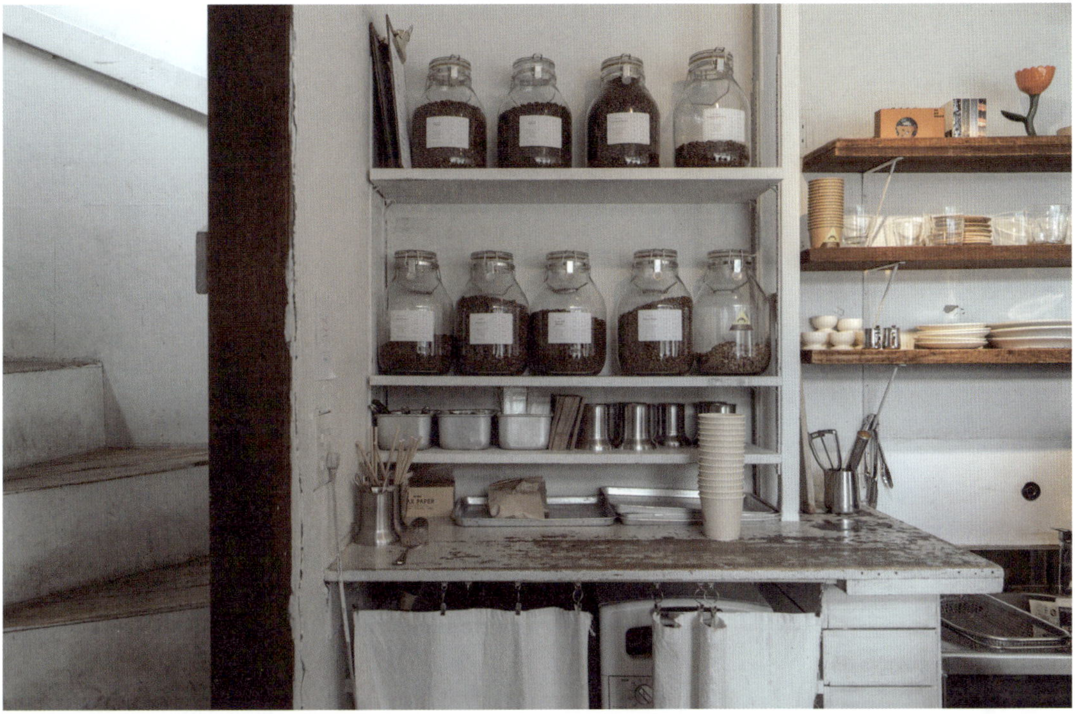

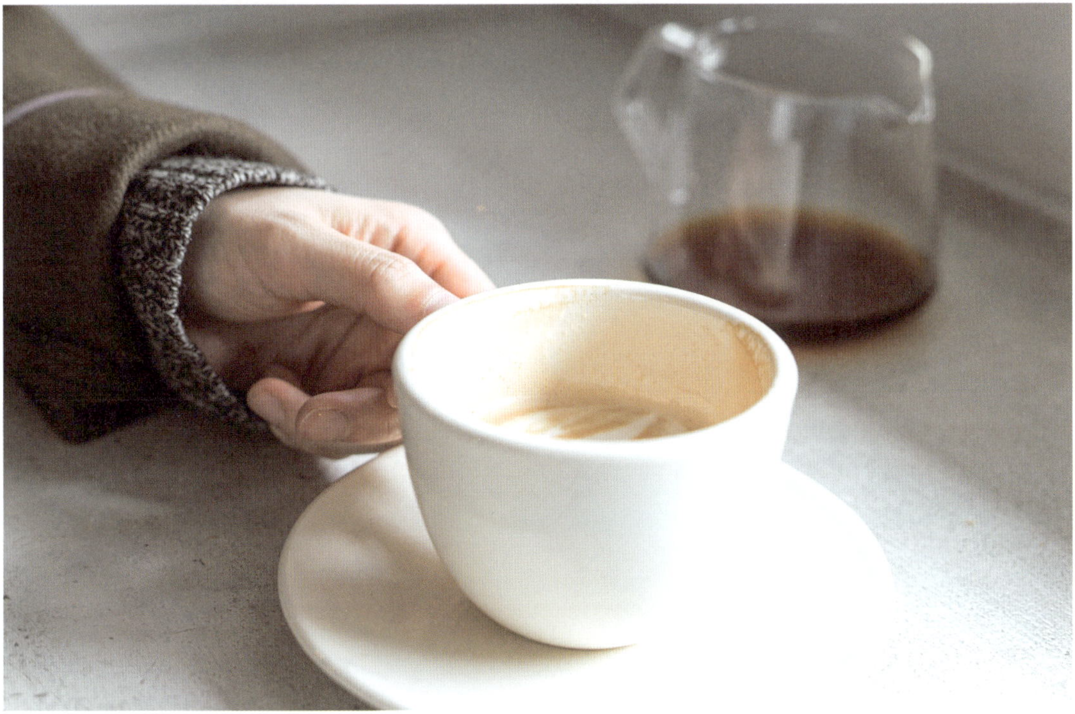

여유롭게 커피를 마시고 1층으로 내려오니, 자리가 나기를 기다리는 손님, 원두를 구매하려는 손님으로 좁은 카운터 앞이 붐비고 있었다. 스페셜티 커피숍이 거의 없는 야마나시현의 사람들에게는 사막의 오아시스나 다름없을 듯하다.

AKITO COFFEE 아키토 커피

야마나시현 고후시 다케다 1-1-13 / 고후역에서 도보 6분
화-일 09:00~18:00
@akitocoffee
필터 커피 ¥500~ / 카페 라떼 ¥550

とび出し注意

ditting
Peru
23.12.04
TERASAKI COFFEE
Kenya
23.12.05
TERASAKI COFFEE

⑦ TERASAKI COFFEE
라이트 로스팅 커피를 맛있는 머핀과 함께

고후 시내에는 〈아키토 커피〉 외에도 라이트 로스팅을 하는 스페셜티 커피숍이 한 군데 더 있다. 고후에서 만난 지인이 데려가 준 〈데라사키 커피TERASAKI COFFEE〉는 시즈오카의 〈에토스 커피〉에서 만난 고타로 씨도 추천해 준 곳이었다.

고후 시내 번화가의 중심에 자리 잡은 〈데라사키 커피〉는 꽤 오랜 세월의 흔적이 느껴지는 외관의 건물에 있었는데, 무려 2012년에 이곳에 자리 잡아 지금까지 영업을 이어오고 있다고 한다. 오너인 데라사키 료(寺崎 亮) 씨는 오사카 출신으로, 대학 진학을 위해 야마나시현에 왔다. 졸업 후 유럽 배낭여행을 통해 새로운 커피 문화를 접하고 고후시에 자신의 가게를 차리기로 결심했다. 그 후 가까운 고후 시내 뒷골목의 집을 개조한 2호점, '고부치사와'라는 삼림 지역 안쪽에 차린 3호점까지, 제각기 다른 모습으로 이 동네에서 많은 사랑을 받고 있었다.

싱글 오리진은 계속 바뀌어 원두 선택지가 다양했는데, 신기하게도 일본 내 전통적인 커피 문화의 영향을 거의 받지 않은 듯 〈푸글렌〉이 연상될 정도로 라이트한 커피였다. 이 동네에서는 좀처럼 경험하기 어려웠을 스타일의 커피가 10년 넘도록 사랑받고 있다는 사실이 새삼 놀라웠다.

주문한 커피와 머핀을 받아 들고 2층의 자그마한 테이블에 앉았다. 아직 이른 오후라 조용한 공간은 삐걱거리는 마루와 오래된 가구들이 공간에 축적된 시간을 말해 주고 있었다. 아주 라이트하고 깔끔한 케냐 커피와 함께, 이 동네에서는 어디에서 먹어도 맛있는 머핀을 페어링해 고후에서의 마지막 오후를 즐겼다.

TERASAKI COFFEE 데라사키 커피
야마나시현 고후시 마루노우치 1-20-22 / 고후역에서 도보 10분
화-금 7:30~18:00 | 토-월 9:00~17:00
@terasakicoffee
필터 커피 ¥360~ / 머핀 ¥350

Epilogue

첫 책을 출간한 이후, 다음 책의 주제에 관해 많은 질문을 받았다. 도쿄를 소개했으니 오사카와 교토를 중심으로 한 간사이 지방이나 후쿠오카를 중심으로 한 규슈 지방의 스페셜티 커피숍을 소개해 볼 생각도 했었다. 스페셜티 커피가 더 대중적으로 자리 잡은 호주나 북유럽을 고려하기도 했었다. 하지만 어느 순간 마음은 다시 도쿄로 돌아와 있었다. 변하지 않는 듯하면서도 끊임없이 새로움을 창조하는 이 도시가 여전히 수많은 이야기를 남겨 두고 있다는 사실을 깨닫는 데엔 오랜 시간이 걸리지 않았다. 처음 도쿄의 스페셜티 커피 문화를 소개할 때만 해도, 한국의 스페셜티 커피 씬과 도쿄의 스페셜티 커피 씬 사이에는 많은 차이가 있었다. 이른 시기부터 호주와 북유럽 등지에서 커피를 경험하고 돌아온 사람들이 만들어 낸 스페셜티 커피 문화는 도쿄에 빠르게 정착하여 다양한 볼거리를 제공했다. 좋은 품질의 커피를 세련된 방식으로 풀어냈던 도쿄의 커피 문화는 신기함과 새로움의 연속이었다.

하지만 다른 분야에서 늘 그래 왔듯이, 한국은 전 세계의 다양한 커피 문화를 들여와 빠르게 흡수했다. 세계적인 바리스타 대회에서도 많은 한국인 선수가 트로피를 거머쥐었고, 개성 넘치는 커피숍을 통해 특색 있는 커피를 풀어내면서 이제는 어느 나라에도 뒤지지 않는 커피 강국이 되었다. 도쿄의 바리스타들과 한국에 관해 이야기할 때면 몇 년 전과 달라진 한국의 위상을 실감할 때가 많다.

그럼에도 불구하고 여전히 도쿄에서만 느낄 수 있는 매력들이 있다. 매장마다 커피를 통해 자신의 철학을 표현하는 방식, 바리스타와 손님이 소통하는 과정, 그리고 일본의 오랜 전통문화를 새로운 스페셜티 커피 문화에 자연스럽게 녹여내는 모습에는 이들만이 만들어낼 수 있는 특별함이 존재한다.

이 책을 완성하기까지 여러 차례 도쿄를 방문했다. 도쿄 여행의 목적은 단순히 책을 쓰기 위함이 아니었다. 오랜만에 소식을 묻고 안부를 전하러 가야 할 곳들과 새롭게 생긴 궁금한 공간을 찾아가기 위해, 때가 되면 도쿄행 비행기 티켓을 끊었다. 그렇게 찾아간 커피숍에서는 필요한 정보를 수집할 기회도 없이 커피 한 잔의 맛에 취해 시간만 보내다 나오거나, 주고받는 대화에 정신이 팔려 사진 한 장 제대로 찍지 못하고 나오는 경우도 있었다. 하지만 이러한 여러 차례의 자연스러운 방문을 통해 그들의 이야기를 모았고 이렇게 모인 이야기들로 새로운 책을 엮을 수 있었다.

커피의 맛, 매장이 품고 있는 분위기 그리고 그 안을 채우고 있는 사람들을 어떻게 사진에 담을지도 늘 고민이 되었다. 손님들을 방해하지 않으면서 원하는 공간을 충분히 담아내는 것은 늘 어려운 숙제였다. 특히 소중한 커피 한 잔을 음미하며 바리스타와 대화하는 시간을 방해받으면서까지 사진에 열중하고 싶지는 않았다. 최대한 짧은 시간 안에 자연스러운 분위기를 그대로 사진에 담기 위해 노력했다.

도쿄의 거리는 자주 방문하는 나에게는 익숙한 풍경이지만, 깨끗한 거리와 다양한 색들이 어우러진 도시의 풍경 중엔 눈에만 담기에는 아까운 장면이 많았다. 도쿄에 방문할 때마다 도시와 어우러진 사람들의 모습을 담기 위해 하염없이 거리를 거닐며 원하는 순간을 기다리기도 했다.

여행을 통해 얻는 경험, 커피 한 잔에서 느낄 수 있는 맛, 한 장의 사진으로 느낄 수 있는 감흥은 사람마다 다르다. 이 책을 통해 모두가 똑같은 경험을 하기를 원하지는 않는다. 누군가는 더 풍성한 도쿄 여행을 경험하고, 누군가는 한 잔의 인생 커피를 만날 수 있다면, 또 누군가는 잠깐이나마 여행을 떠난 느낌을 받을 수 있다면 더이상 바랄 것이 없겠다.

TOKYO SPECIALTY COFFEE TRIP
도쿄 스페셜티 커피 트립

2024년 11월 06일 초판 1쇄 발행

지은이 이한오
펴낸이 홍성대
책임편집 이용호
디자인 onmypaper
사진 이한오

펴낸곳 아이비라인
출판등록 2001년 12월 27일 제311-2003-00049호
주소 (04321) 서울시 용산구 한강대로 295 남영빌딩 506호
전화 (02) 388-5061 **팩스** (02) 388-9880
홈페이지 www.the-cup.co.kr

ISBN 978-89-93461-70-1(03810)

· 이 책은 저작권법에 따라 보호받는 저작물이므로 무단 전재와 무단 복제를 금합니다.